AF358490

NO DEIXES QUE CRESCA
SENSE LA MÀGIA DELS CONTES...

Contes de 0 a 9 anys, que eduquen en valors actuals: respecte, pluralitat, tolerància i igualtat d'oportunitats; que ajudaran a evitar mals com la violència de gènere o l'assetjament.

Pilar Bellés Pitarch

© Pilar Bellés Pitarch, 2010
ISBN: 978-84-613-9122-6
Depòsit legal: CS-0047-2010
Registre de la propietat intel·lectual: CS-11-10
1ª edició: març 2010
Bubok Publishing SL
C/ Joaquín Turina 16 1º B
28044 Madrid

Pilar Bellés Pitarch (1964) és llicenciada en Filologia Anglesa i professora d'anglès a Infantil i Primària, a més d'una escriptora contemporània i compromesa amb la nostra societat. Compta amb nombroses publicacions en conte, novel·la i poesia.

Fa anys que es dedica a investigar sobre les possibilitats del conte per desenvolupar la creativitat i treballar valors. També compta amb investigacions sobre mètodes per aprendre anglès.

Publicacions sobre contes plurilingües i valors en el camp de l'ensenyament:

- "Telling a tale / Contemos un cuento / Contem un conte" (adaptats als centres d'interés de l'educació infantil). Editorial Lulu.

- "Cuentos plurilingües para trabajar valores y para días especiales" (dia de l'arbre, dia de la pau, Halloween...). Editorial Lulu.

- "¿Cómo hacer alumnos creativos?" (contes plurilingües per desenvolupar la creativitat i, a la vegada, treballar valors per a totes les edats). Editorial Lulu.

- No dejes que crezca sin la magia de los cuentos..." (contes amb valors actuals per educar en igualtat. Són una alternativa als contes tradicionals). Editorial Lulu.

Mètodes per aprendre anglés a través de la literatura:

- "Els iaios, la natura i l'amor / Los abuelos, la naturaleza y el amor / Grandparents, Love and Nature" (mètode de les històries plurilingües). Editorial Lulu.

- "Federico y su duende I / Frederick and his Goblin I" (mètode de les històries bilingües). Editorial Lulu.

- "Federico y su duende II / Frederick and his Goblin II" (mètode de les històries bilingües). Editorial Lulu.

Novel·la:

- "El diario mágico" (contra la violència de gènere). Ediciones Carena.

- "Somos víctimas de una sociedad machista y cruel" (contra el masclisme i la desigualtat). Ediciones Grup Lobher.

- "El mensaje" (contra l'assetjament i la manipulació). Ediciones Carena.

- "La rosa deshojada" (contra la violència de gènere) de Pilar Bellés y Maribel Rueda. JNQ Ediciones.

- "Triunfar en tiempos difíciles" amb el mètode dels relats interrelacionats. JNQ Ediciones.

- "Reunión de colegas" (se nos manipula sin que nos demos cuenta...). Editorial Lulu.

- "Toda una vida: memorias y anécdotas de Mel y Xispa". De Manuel Falcó García (Xispa) y Pilar Bellés Pitarch. Editorial viveLibro.

Poesia:

- "Curvas en el camino". Ediciones Carena.

ÍNDEX DE CONTES I VALORS QUE TREBALLEN.

1. Bon profit! Valors: <u>S'ha d'anar en compte amb els gossos, són perillosos</u>.

2. El xiquet que no volia baixar dels gronxadors. Valors: <u>El joc compartit és més divertit que jugar sol</u>.

3. Ja dorm sol! Ja sóc major! Valors: <u>Dormir sol a la seva habitació sense por</u>.

4. El gosset perdut. Valors: <u>Importància de creure els pares i mestres</u>.

5. Només magdalenes. Valors: <u>S'ha de menjar de tot però amb moderació</u>.

6. La primera festa. Valors: <u>Bons desitjos. Festa d'aniversari</u> (pàgina 33).

7. Quina por d'entrar a la piscina. Valors: <u>Enfrontar-se a les manies i a les pors, superar-les</u>.

8. El xiquet que feia malifetes al saló. Valors: <u>Arreplegar els joguets, ser considerat i col·laborar en les faenes de casa</u>.

9. El lleonet que deia a tot que no. Valors: <u>Creure a la primera</u>.

10. Un poc de verdura cada dia. Valors: <u>Les verdures són necessàries per una alimentació sana i equilibrada</u>.

11. El gos i la balena. Valors: <u>Ajudar el company o companya que ho necessita, deixar les coses, jugar amb ell o ella</u>.

12. Para de molestar! Valors: <u>No molestar els companys</u>.

13. Un armari sense portes. Valors: <u>Valorar la part bona de les</u> <u>persones. No rebutjar ningú pels defectes</u>.

14. Qui ha agarrat les meves arracades? Valors: <u>No agarrar les</u> <u>coses sense permís</u>.

15. Una vegada Tirano el xicotet va estar a punt de barallar. Valors: <u>Solucionar les coses de forma pacífica</u>.

16. El gall del pic morat. Valors: <u>Tolerància i respecte amb altres</u> <u>cultures</u>.

17. El gos presumit. Valors: <u>Solucionar problemes de grup</u>.

18. El hàmster menja-pèls. Valors: <u>Distingir menjar saludables dels</u> <u>que no ho són</u>.
19. El dàlmata rebel. Valors: <u>Desenvolupar la fantasia, joguets que</u> <u>cobren vida</u>.

20. Els dinosaures també anaven al parc. Valors: <u>Mentalitat més</u> <u>oferta: Sempre hi ha oportunitats si les busques</u>.

21. Sempre renyint com el gat i el gos. Valors: <u>Ús del diàleg per</u> <u>solucionar problemes</u>.

22. El gatet torero. Valors: <u>Respectar els gustos i opinions de la</u> <u>gent</u>.

23. El xiquet i el tauró. Valors: <u>No posar-se en situacions de perill</u>.

24. Tom, el cranc coix i els seus amics. Valors: <u>Buscar la part bona</u> <u>de les persones i no els defectes físics</u>.

25. El rei dels rellotges s'ha tornat egoista. Valors: <u>Fer el que és</u> <u>correcte i no fer cas a les bovades que ens manen</u>.

26. La família d'ànecs se'n va al bosc. Valors: <u>No creure'ns millors</u> <u>que els altres i demanar ajuda quan ho necessitem</u>.

27. Una pel·lícula de taurons. Valors: <u>Superar algunes pors</u>.

28. Qui s'ha menjat el meu entrepà? Valors: <u>No deixar les mascotes</u> <u>abandonades quan són grans i ens molesten</u> .

29. La balena. Valors: Diàleg entre pares i fills i necessitat que pare i mare participen en l'educació dels fills i filles.

30. La gallina que ponia ous menuts. Valors: No ens hem de burlar de ningú, no sabem quan vindrà la sort ni a qui.

31. Qui m'acompanyarà a portar la carta? Valors: Necessitat de fer esport, de jugar a jocs tradicionals i de deixar la televisió, les consoles i els aparells electrònics. Fer els deures, estudiar i fer la part de les tasques domèstiques que ens toquen.

32. Jimmy volia llonganissa i el xiquet volia dolços de colors. Valors: S'ha de demanar permís per demanar les coses.

33. Serà la varicel·la? Valors: Es medicines que li manen a un xiquet no serveixen per a un altre. Quan s'està malalt s'ha d'anar al metge. La automedicació no és bona.

34. Titeta també és de la família. Valors: Valorar l'esforç per aconseguir les coses, l'amor per les mascotes.

35. El periquito. Valors: Fer els nostres somnis realitat (pàgina 111).

36. L'armari de la mama. Valors: La família és més important que les coses.

 37. El pollet rosa. Valors: El respecte al ser humà siguen les que siguen les seves característiques individuals (gais i lesbianes).

38. Mamà, vull un bou de veritat! Valors: Obrir el debat sobre bous sí, bous no.

39. El dilopho vegetarià. Valors: Pensar pel seu compte, tenir criteris propis.

40. Pedalant al revés. Valors: Quan es va en bici s'han de seguir les normes.

41. Punk. Valors: Saber perdre. Sentir-se important sent una persona més.

42. La girafa que no tenia taques. Valors: <u>Sobre la roba esportives de marca, tindre iniciativa, pensar pel seu compte, no conformar-se en fer el que fan tots.</u>

43. La cabreta màgica. Valors: <u>No ens fan falta tantes coses, quan els pares diuen que no, és per algun motiu.</u>
44. Un telescopi que volia ser original. Valors: <u>No fer bovades per a cridar l'atenció. L'originalitat és bona, però si s'abusa d'ella, et pots quedar sol.</u>
45. Un arbre sense nom. Valors: <u>Ser constant, acabar la faena. Es pot usar per al "Dia de l'arbre".</u>

46. El sol i la lluna es volien casar. Valors: <u>És important portar-se bé. Es pot usar per al "Dia de la Mare".</u>

47. Papà, hi ha pastís de xocolata! Valors: <u>Col·laboració tant del pare com de la mare en les faenes de la casa i en l'educació dels fills. Es pot usar per al "Dia del Pare"</u> .

48. A la taula! Valors: <u>Menjar de tot, especialment fruita i verdura. Es pot usar per al "Dia Internacional dels Drets de la Infància".</u>

49. El Peixet de colors. Valors: <u>La humilitat com a forma de tenir amics / amigues i agradar a la gent. Es pot usar per al "Dia la Pau".</u>

50. La vaca ratllada. Valors: <u>Integrar a immigrants i persones especials a les quals els costa ser acceptades. Es pot usar per a un "Dia de la Hispanitat".</u>

51. La tele que no volia cridar-se Tele. Valors: <u>Empatia, posar-se al lloc d'un altre, no sentir enveja de les coses dels altres i valorar les nostres. Es pot usar per a "Carnestoltes".</u>

52. El pardalet educat. Valors: <u>Les bones maneres y la bona educació a l'hora de parlar i dirigir-se a la gent. Es pot usar per al "Dia de San Valentí".</u>

53. Cosquerelles i ous que roden. Valors: <u>Crear un bon ambient, provocar la rialla. Es pot usar també per a "Pasqua".</u>

54. Contem les estrelles. Valors: <u>Relaxar-nos. També es pot usar per a "Nadal i Reis"</u> .

55. Que ve el tauró! Valors: <u>A vegades les bromes resulten pesades. També es pot usar per al "Dia dels Innocents" / "April Fool's Day"</u> .

56. Una vaca molt imprudent. Valors: <u>Després d'una visita a una granja- escola, amb el tema dels animals. També es pot usar per a parlar de les "Creus de maig"</u>.

57. La girafa i el dàlmata. Valors: <u>No es pot criticar el que no es coneix, a vegades hem de conèixer altres cultures per a comprendre la seva manera d'actuar. També es pot usar per a "Halloween"</u> .

58. Les campanes. Valors: <u>Les anècdotes quan els més menuts i menudes intenten parlar i s'equivoquen. També es pot usar per a la "Nit de Cap d'any"</u> .

59. Un dia en la fira. Valors: <u>Passar un temps agradable en la fira. Es pot usar per a les festes patronals (Sant Blai, La Candelera…)</u>.

60. La gallina que no tenia cresta. Valors: <u>Explicar que uns /unes creixen abans que altres i poden fer coses que els / les altres no. També es pot usar per a les festes de "Santa Caterina" i "Sant Nicolau"</u>.

61. Un osset molt ràpid i una tortuga molt lenta. Valors: <u>Cada xiquet té el seu ritme de treball, que els més ràpids ajuden als més lents. També es pot usar per a explicar "Carnestoltes" i "Quaresma"</u>.

62. Un xiquet que no volia menjar de tot. Valors: <u>Menjar de tot. També es pot usar per al "Pancake Day"</u>.

63. La grua. Valors: <u>Activitats de construcció. També es pot usar per a "falles"</u> .

64. Anit vaig somiar amb…la nit de Sant Joan i el lleó. Valors: <u>Crear un conte després de veure una pel·lícula. Es pot usar també per a explicar la "Nit de Sant Joan"</u>.

65. Mamà, és major i no sap agarrar bé la Cullera. Valors: <u>Agarrar bé els coberts per menjar. També es pot usar per explicar "Guy Fawke's Night"</u> .

66. Tot és qüestió de parlar-ho. Valors: <u>El diàleg com a manera de solucionar problemes. També es pot usar per explicar "l'Estatut d'Autonomia" o la "Constitució"</u> .

67. El cocodril que era amic dels xiquets. Valors: <u>Apreciar les persones pel que fan i no pel seu aspecte. També es pot usar per a la festa de "Sant Antoni"</u>.

68. Un gatet molt llest: <u>Crear bon ambient en classe després de deixar-los un dia sense pati per mal comportament. També es pot usar per a explicar les festes de "Moros i Cristians"</u>.

69. L'ovelleta aprèn a l'escola. Valors: <u>Reaccionar bé davant l'arribada de nouvinguts / es. Es pot usar pel tema de "l'escola"</u>.

70. Quin emplastre! Què fem ara? Valors: <u>Deixar la classe ordenada després de pintar o de fer plastilina. Es pot usar pel tema de "l'escola"</u>.

71. Tots col·laboren a casa. Valors: <u>Col·laboració de tots els membres de la família en les tasques domèstiques. Es pot usar pel tema de "la família"</u>.

72. L'elefantet no pot dormir. Valors: <u>La paciència i la col·laboració de tots i totes per a la convivència. Es pot usar pel tema de "la família"</u>.

73. Charlie té un joguet nou. Valors: <u>Compartir els joguets. Es pot usar pel tema dels "joguets"</u>.

74. Al tigre li cauen les ratlles. Valors: <u>Felicitar l'any nou. Es pot usar pel tema del "Nadal"</u>.

75. El ball del cuquet. Valors: <u>Els pares n'estan orgullosos dels fills. També es pot usar pel tema del "cos"</u> .

76. Mamà, tinc el front bullint! Valors: <u>Ser fort davant la malaltia. També es pot usar pel tema del "cos"</u> .

77. El dragó s'ha refredat. Valors: <u>Fer cas als pares i al metge. Es pot usar pel tema de "la roba"</u>.

78. Roba, roba, massa roba…Valors: No comprar coses sense necessitat. Es pot usar pel tema de "l'hivern".

79. Anem al restaurant. Valors: Demanar les coses educadament. Es pot usar pel tema dels "aliments".

80. Una aventura al supermercat. Valors: Tornar les coses que ens trobem al seu amo. Es pot usar pel tema dels "aliments".

81. Les gallines comparteixen els ous de Pasqua. Valors: Compartir. Es pot usar pel tema de "la primavera" o "la Pasqua".

82. Els conills juguen amb els ous de Pasqua. Valors: Alegria de compartir. Es pot usar amb el tema de "la primavera" i el de "la Pasqua".

83. Una serp molt pena. Valors: No abusar de la bondat de la gent. Es pot usar pel tema dels "animals".

84. Un gat molt pillet. Valors: No usar la violència pera aconseguir les coses.

85. Vull un gelat! Valors: Fer cas als consells dels pares. Es pot usar pel tema de "l'estiu".

86. Taurons a la platja! Valors: La platja com font d'inspiració d'històries. Es pot usar pel tema de "l'estiu".

1. BON PROFIT!

<u>Consells didàctics</u>: Als xiquets els encanten els gossos grans i peluts. Són per a ells com peluixos gegants. La majoria dels gossos que trauen a passejar són inofensius i mai han fet cap mal. Però no hem d'oblidar que són animals i que, per molt mínima que siga, sempre existeix la possibilitat. S'ha d'anar amb compte. També podríem usar aquest conte per al tema de "la primavera".

Aquella primavera ja feia el dia més llarg. Era l'hora de berenar, l'hora d'anar al parc, menjar-se l'entrepà i jugar una estona amb els gronxadors i els amics de l'escola.

Feia un parell de setmanes que Miguel tenia uns amics nous. Es tractava de dos gossos adults però molt xicotets, de raça indefinida que un veí treia a passejar tots els dies.

Miguel els feia carantoines, els rascava l'esquena, els donava molletes de l'entrepà, els abraçava...

durant mitja hora o més Miguel jugava amb els gossets tots els dies.

Haguera seguit jugant durant molt de temps a no ser pel que va passar aquell dia.

Els humans tenim dies que estem de mal humor. Els gossos a més tenen dents i, a vegades, poc control sobre la seva força.

Un dels gossos xicotets, el més lleig, d'un color entre marró i gris, passava per un d'eixos dies. Es va llançar sobre Miguel, li va robar l'entrepà i li va mossegar la mà.

El gos estava vacunat. El mos només va ser una arrapada de no res. L'amo del gos el va castigar en seguida i va voler llevar-li l'entrepà. Però la mamà no li va deixar:

—Deixe que se'l menge. Bon profit! No passa res! Tranquil! Crec que no ha sigut culpa del gos.

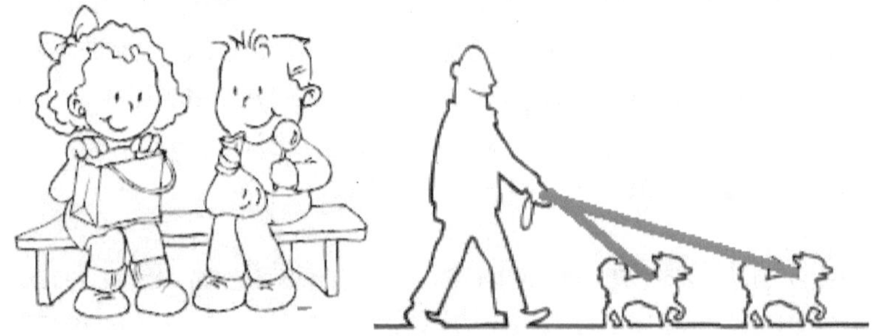

Des d'aquell dia Miguel no va tornar a arrimar-se a més d'un metro d'un gos. La mamà el feia berenar abans d'anar a jugar i l'amo dels gossos no deixava que els xiquets tocaren els seus gossos.

El més agraït va ser el gos, que cada vegada que es creuava amb Miguel movia la cua com donant-li "les *gràcies*".

GRÀCIES!

2. EL XIQUET QUE NO VOLIA BAIXAR DELS GRONXADORS

Consells didàctics: El compartir les coses i la col·laboració de tots els membres de la família en cuidar i educar els xiquets i xiquetes és necessari que siguen temes de moltes històries. Als nostres menuts i menudes els agrada parlar de les seves aventures a casa dels iaios i dels seus jocs en el parc i, de segur, que brollaran de les seves imaginacions vàries històries en Infantil. Ens servirà aquest conte per al tema de "la tardor".

Una vegada hi havia un xiquet que era molt cabut. No volia baixar dels gronxadors del parc.

De matí, quan el iaio se n'anava a comprar el pa: "*iaio gronxa*". El iaio el portava una hora.

En acabar de fer la migdiada: "*iaia gronxa*": La iaia el portava una altra hora. El mateix passava amb la mare quan venia de treballar: "*mamà gronxa*".. I amb son pare quan veia un poc més tard: "*papà gronxa*".

Així era com el xiquet és passava quasi tot el dia gronxant-se al parc. Només baixava del gronxador si li prometien que hi tornarien.

Malgrat les promeses i la bona voluntat de tots, durant una setmana va estar plovent tots els dies, una tempesta de tardor i, ni amb paraigües, es podia anar perquè estava tot entollat i relliscaven els ferros dels gronxadors, del castell, del puja i baixa i del tobogan.

No hi va haver més remei que quedar-se a casa. Estava cansat de jugar sempre amb els mateixos joguets.

Curiosament, al xiquet dels veïns, que tenia un any més, li passava el mateix. Cap dels dos estava disposat a compartir joguets, ni a tolerar que altres xiquets tocaren les seves coses ni ocuparen el seu espai. En canvi, a tots dos els abellien els joguets d'altres.

Quan ja portaven tres dies avorrits i tancats a casa, el xiquet més gran va anar a casa del veí disposat a compartir però amb certes condicions:

—Està bé. Podem jugar junts. Li deixaré els meus joguets sempre que no me'ls trenque, que no me'ls perda i m'ajude a recollir-los després —li va dir el gran a la iaia que cuidava al xicotet.

—Jo també — va dir el xicotet a sa iaia, referint-se a que ell també volia el mateix.

D'aqueixa manera van passar tots dos una setmana bonica i distreta compartint joguets. I així van continuar, jugant junts i compartint-ho tot fins que van ser grans.

Anaven al parc una o dues vegades a la setmana, quasi sempre junts pujaven als gronxadors i a altres jocs.

Van descobrir que el joc compartit era molt més divertit.

3. JA DORM SOL! JA SÓC MAJOR!

Consells didàctics: S'ha escrit molt sobre com ensenyar els xiquets a dormir sols. Jo només afegiré que cada família, cada xiquet o cada xiqueta tenen alguna cosa d'especial que els fa diferents de la majoria. Cada xicotet o xicoteta necessitarà una història diferent per donar aquest pas. Esta podria ser una d'elles. Aquest conte es pot usar també per al tema de "l'estiu".

Des de que era bebè, la mamà sempre dormia al seu menut en braços. Després el posava al seu bres.

Quan el notava nerviós, la mamà pensava *"estarà somiant"* i li donava la mà perquè es tranquil·litzara.

El problema va arribar quan el bres se li va quedar xicotet i el xiquet va haver d'anar al llit.

La mamà li contava un conte.

—No te'n vages —li deia el xiquet—, dóna'm la mà per dormir-me.

—Val, però després et quedaràs tranquil dormint durant tota la nit.

El xiquet es quedava dormit (o fingint estar adormit). Només el papà i la mamà es ficaven al llit i començaven a conciliar la son, escoltaven uns passos, notaven unes xafades damunt i sentien que el xicotet ocupava el lloc que quedava enmig entre els dos.

—Oh no! Què fas ací? —preguntava papà.

—Tinc por. ¡Només esta nit, per favor!

No importava a quina hora es gitara el xiquet ni a quina hora es gitaren ells. Estava cronometrat: al quinze minuts de ficar-se els pares al llit, el xiquet es presentava allí. Com els pillava al primer son, els agarrava peresa de fer-lo tornar i el molt pillet s'hi quedava tota la nit.

Va arribar l'estiu. A aquella ciutat feia una calor sufocant i havien de dormir destapats. Un dia, als quinze minuts de gitar-se es va presentar el xiquet i es va ficar al forat del centre.

El llit estava banyat de tanta suor. El xiquet, molt aclaparat, deu minuts després se'n va anar al seu llit on no hi havia tanta gent i s'estava més fresquet.

Va dormir tota la nit com un rei, es va pegar la volta tantes vegades com va voler i no va haver d'aguantar els roncs de la respiració de ningú.

Va ser la millor nit des de feia molt de temps. Al dia següent:

—Mamà, he dormit tota la nit fresquet, còmode i sense aguantar els roncs de papà

—va dir el xiquet en eixir de l'habitació.

—Papà no ronca!—va dir papà.

—Sí que ho fas! —va dir la mamà.

El xiquet volia dir-los una cosa important:

—He decidit que ja no tornaré més al vostre llit. S'està molt incòmode. En canvi, en el meu... No havia dormit mai tant a gust.

—No tenies por?

—Què? —va dir el xiquet—. Això és una bovada.

—El nostre fill ja és major —va dir la mamà.

—Sí, em pareix que sí —va dir el papà.

El xiquet va eixir corrents pel passadís saltant d'alegria:

—Ja sóc major! Ja sóc majoooooooor!

Així va ser com el xiquet es va donar compte que dormir sol era la millor opció, no només perquè li ho deien els seus pares sinó perquè ell mateix ho havia comprovat. Les coses si no es proven, no se saben.

De totes maneres, el cuquet de ficar-se al llit dels seus pares i donar-se abraçades col·lectives tota la família seguia picant-li.

Van arribar a un acord: "Dissabtes i diumenges que els tres tenien festa, a les vuit del matí que s'estava més fresquet, podria ficar-se al llit dels papàs i jugar tots tres fins cansar-se".

Aquestos jocs en família els recordaria el xiquet durant tota sa vida. S'ho passava d'allò més bé.

4. EL GOSSET PERDUT

Consells didàctics: La importància d'obeir els pares i mestres podem potenciar-la fent-los veure els perills que hi ha amb contes com aquest. Els dinosaures fascinen els xiquets i xiquetes. Segur que amb una història com aquesta se senten protagonistes.

Tots recorden alguna vegada que no van creure i després van tenir problemes. La podríem contar i després canviar-la.

Hi havia una vegada un gosset que no va obeir els seus pares i atret per l'aigua va fugir a provar si podia nedar.

Va provar i no era tant difícil. Li va agradar tant que va seguir nedant fins que va arribar a una illa que ningú coneixia: era la illa dels dinosaures.

—Et mossegaran —li va avisar el corythosaurus rient-se—. Aquí va Tirano.

—Agggg! —cridava Tirano.

Corythsaurus

El gosset va fugir corrents com una bala. Es va mesclar amb els velociraptors que també perseguia Tirano.

Se'n va adonar que els velociraptors no eren de fiar donat que no paraven d'intentar mossegar-li.

Va aconseguir escalar un arbre. Els velociraptors van passar corrents i el tyranosaurus darrere perseguint-los. Un braquiosaurus passava per allí i el va saludar.

—Què fas ací? Puc fer alguna cosa per tu? —va preguntar Braqui.

—M'he perdut, en realitat, m'he escapat—li va contar tota la història.

"Se'n recordeu què li havia passat al gosset?" (fem que els /les alumnes recorden el conte).

—T'has portat molt malament —el va renyir Braqui—. Ara has de tornar a casa abans que els teus pares es preocupen. Et portaré fins a l'aigua perquè hi tornes.

Braqui tenia un amics dinosaures marins que els va demanar el favor que tornaren el gosset a casa.

El viatge va ser molt mogut perquè un elasmosaurus els va perseguir. Per sort, no els va poder pillar.

El gosset els va contar als seus pares totes les peripècies que li havien passat. Va comprendre que si els haguera obeït no hauria posat la seva vida en perill i no haurien estat buscant-lo un dia sencer. I els va prometre no tornar a anar-s
e'n més sol sense permís ni sense avisar.

"No deixes que cresca sense la màgia dels contes…"

Com no ho va fer més, el papà i la mamà el van perdonar i van tenir una vida tranquil·la i feliç.

5. NOMÉS MAGDALENES?

Consell didàctic: Els xiquets passen una època que regiren tots els armaris. Quan passen aquesta època senten curiositat per les coses prohibides com detergents o dolços. Contes com aquest ens ajudaran a frenar aquestos impulsos i a dir-los d'una altra manera que s'ha de menjar de tot però amb moderació, i les coses dolces, amb molt poca quantitat. Aquest conte el podem utilitzar a infantil i a primer cicle.

Hi havia una vegada un xiquet molt educat que quasi sempre es menjava el que la mamà li posava al plat.

Però un dia va anar a comprar el pa amb sa mare i va veure magdalenes. Li'n va abellir una.

—Em compres una, per favor —va dir senyalant les magdalenes.

L'ama de la tenda li'n va regalar una. Li va agradar molt. Sa mare en va agarrar uns paquets.

—Una altra, per favor —va dir el xiquet.

—Val, però una i prou. Si no, no dinaràs —va contestar la mamà.

Com que li abellien molt i la mare ja no li'n volia donar més, li va pillar un paquet de la bossa del pa mentre la mare guardava la compra i se'n va menjar tres o quatre més.

La mare es va disgustar molt quan va anar a guardar-ho i va veure un paquet mig buit. El va renyir.

—Perdona, mamà. És que m'abellien molt!

Es van posar a dinar quan va vindre el papà. Hi havia espaguetis, el menjar favorit del xiquet. No en va menjar. La mare es va disgustar altra vegada:

—Si no hagueres menjat magdalenes.

Tampoc va berenar donat que, s'havia viciat a les magdalenes i, quan no el veien, anava directe als paquets de les magdalenes.

no va sopar més que un got de llet.

A l'endemà va anar la iaia a cuidar-lo i, com ńo sabia res, li va deixar que menjara totes les magdalenes que volgués al llarg del matí.

Per dinar hi havia arròs, el segon menjar favorit del xiquet. Tampoc va poder menjar, això sí, va veure molta aigua.

Poc després la panxa va començar a pegar-li retortillons. Va posar-se a plorar. Tenia diarrea i un nus a l'estómac.

Van anar al metge:

—Què has menjat?

Ell no ho volia dir, però abans que el punxara, ho va confessar:

—Magdalenes.

—Quantes?

—Moltes... i he begut llimonada.

La mare es va sorprendre:

—D'on ho has tret tot això?

—De l'armari de dalt de tot. El que tinc prohibit tocar.

El metge va saber com curar-lo, per això era metge. Després d'una setmana a dieta sense provar les magdalenes ni la llimonada, la mare va començar a donar-li'n una per desdejunar amb la llet.

—No, mamà —va dir el xiquet—. Em farà mal...

—Si només en menges una, no —va dir la mamà—. Les coses si es mengen amb moderació no fan cap mal. No hi ha cap motiu perquè no menges magdalenes si tant t'agraden, però només una cada dia.

—Podré beure llimonada?

—Només un got els diumenges.

—De veritat?

Es van abraçar. Després d'aquesta, mai més va agarrar coses sense permís perquè ara sabia que si

la mare li deia que "no" era per un motiu important.
No volia tornar a estar malalt.

6. LA PRIMERA FESTA D'ANIVERSARI

Consells didàctics: Les paraules "aniversari" i "festa" sempre arrastren un somriure siga la que siga la circumstància que la diguem. Si a més contem aquest conte amb l'ocasió d'un aniversari de veritat, millor. I si fem que els alumnes ens conten una festa d'aniversari que recorden, total. En aquest cas hi ha tants contes i desitjos com xiquets i xiquetes.

Aquella va ser la festa més bonica d'aniversari que el xiquet havia vist mai donat que va ser la primera.

No era la primera vegada que li feien un pastís amb ciris ni que li feien regals però fins aquell dia només ho havia celebrat en família.

Ara tenia tots els xiquets i xiquetes de classe invitats a sa casa.

Van llogar una animadora que feia jocs per als xiquets, van decorar tot el garatge amb globus i serpentines de colors i van preparar una taula molt gran on hi havia de tot: entrepans, coca, galetes, papes, aigua, llimonada, suc, orxata i tot el que el xiquet poguera imaginar i desitjar. Hi havia música de fons i la mamà havia preparat cafè per als papàs i mamàs que venien a portar els seus fillets i filletes.

Començaren a arribar els invitats. Eren molt menuts, només tenien quatre anys però cadascú portava un paquet de regal gegant.

—Moltes felicitats —li deien tots i totes.

—Gràcies —no parava de repetir.

Vinga obrir paquets i més paquets: un cotxe, una pistola d'aigua, un tren, un avió o un robot.

El berenar estava molt bo. Només acabar-se l'entrepà van començar els jocs d'animació i les cucanyes.

Va tenir sort i ell va pillar la corda que tombava el regal. Tots i totes van poder arreplegar llepolies.

Quan ja portaven una hora jugant van portar el pastís amb les quatre veles. Tots cantaven "moltes felicitats".

El xiquet les va apagar i va demanar un desig. "Què penseu que va demanar?" (Cada xiquet i xiqueta de la classe intervé i demana un desig).

Què bo estava el pastís! Quants records s'han quedat al cor del xiquet només en aquelles dues hores que va durar la festa!

—És la festa més bonica del món, mami —li va dir el xiquet a sa mare—. Mai l'oblidaré. Gràcies. Us estimo...

Vindrien més aniversaris i més festes, però com la primera, cap.

7. QUINA POR D'ENTRAR A LA PISCINA!

Consells didàctics: Les manies, les pors, les impressions només se superen enfrontant-se a elles. Aquest conte es pot usar per a infantil quan donem el tema de l'estiu, ensenyar-los a no tenir por i també per a primer cicle per fer-los reflexionar sobre com superar les seves pors.

El xiquet xicotet no havia entrat mai a una piscina i li feia impressió entrar-hi.

La mamà el va portar a jugar amb els seus amics per a veure si entrava amb ells, però li venia molt cap per amunt.

Els seus amics eixien i entraven, feien jocs dins i fora de la piscina. Ell també s'incorporava al joc, però quan els altres entraven dins de l'aigua, ells es quedava fora.

"Què podem fer perquè el xiquet supere la por i entre d'una vegada a la piscina?" (pluja d'idees, es trien les bones).

La mamà no el va forçar. Va esperar que es decidira ell sol a entrar-hi. Ho va fer un dia que no hi havia cap altre xiquet.

Estava ell sol i li va demanar a mamà que hi entrara amb ell:

—Quina meravella, mamà! L'aigua està calenteta…—va dir el xiquet.

—Ja t'ho deia jo…

L'aigua li feia cosquerelles relaxants a les cames i, a més, estava clareta i suau.

En això que van arribar els seus amics, van entrar a la piscina i van jugar tota la vesprada.

A l'hora de berenar, les mamàs van haver d'insistir perquè els xicotets no volien eixir de la piscina.

Finalment van eixir, van berenar i se'n van anar a jugar un poquet fora l'aigua.

Després es van posar tots a *"fer la granota"*, van parar tots i totes dins l'aigua. El xicotet no va tindre por. La seva impressió a l'aigua havia desaparegut.

La mamà va somriure quan el va veure entrar i eixir vàries vegades de l'aigua.

El nostre xicotet es va enfrontar a la seva por i la va superar. "Ho podrem fer nosaltres?"

8. EL XIQUET QUE FEIA MALIFETES AL SALÓ

Consells didàctics: Hem de mentalitzar les futures generacions que arreglar la casa és faena de tots els que viuen en ella. Amb contes com aquest podem treballar el tema de ser considerat i col·laborar en les faenes de casa així com arreplegar els joguets quan acaben de jugar. Algú podria tropessar i caure.

Eren vacances d'estiu. El xiquet no anava a la guarderia perquè la mamà tenia vacances i preferia tenir-lo a casa amb ella.

Normalment el xiquet s'entretenia jugant tranquil amb el pàrquing de cotxes mentre la mamà feia faenes per casa.

La cridava mil vegades per a contar-li a què jugava i ella acudia encantada.

Un dia, sense més ni més, al xiquet li va donar per fer malifetes.

Va tirar els coixins del sofà a terra i jugava a futbol amb ells. Va escampar tots els joguets.

La mare el va renyir. El xiquet va plorar, va guardar els joguets però, només es va pegar la volta la mamà, va tirar les boletes de passar el fil per damunt dels sofàs, per terra, per baix la taula, per tot...

La mare després d'acabar d'arreglar la casa, estava molt cansada, es va deixar caure al sofà, però amb tant mala sort que va esvarar amb una de les boletes i va caure a terra. Es va quedar dormida una bona estona. El xiquet li va posar una manta i un coixí perquè descansara.

Quan la mare es va despertar, va veure que tots els joguets estaven acabats de recollir i també les boletes.

—Perdó, mamà —va dir el xiquet quan va veure que obria els ulls—. No ho faré més. Estàs molt cansada?

Es van abraçar. Des d'aquell dia el xiquet va ser més considerat i no va deixar les coses pel mig mai més.

9. EL LLEONET QUE DEIA A TOT QUE NO

Consell didàctic: Creure a la primera és el primer que hem d'ensenyar els educadors abans de posar-nos a treballar en grup. A partir d'aquest conte podem crear un col·loqui. Cada xiquet o xiqueta explica un comportament que ha fet mal i, entre tots i totes, li ajudem a trobar una solució per corregir-lo. Es pot usar en infantil i primer cicle, segons l'estat maduratiu dels / les alumnes.

Hi havia una vegada un xicotet lleó molt graciós i simpàtic. El seu papà i la seva mamà s'ho passaven pipa amb ell. Jugaven hores i hores fent-li pessigolles, rebolcant-se i fent-se carantoines d'uns als altres.

En canvi, a l'hora de creure el que li manaven el pare i la mare era molt cabut. La primera vegada que li manaven una cosa, sempre deia que "no" i, per més que el castigaren, seguia igual.

Abans de gitar-se a dormir la mamà el cridava per anar a fer pipí.

—No, no vull. No en tinc —contestava el lleonet.

La mare li insistia dues o tres vegades. Al final el lleonet anava a fer-ne perquè no podia aguantar-se més.

Quan era l'hora de menjar, el lleonet pegava dos mossets i se n'anava a jugar i a fer bovades.

—Seu com els grans —li deia el pare.

—No!

El pare l'havia de fer seure a la força i fer-lo menjar.

El mateix passava a l'hora de fer la sesta. El lleonet no volia dormir i la mare el feia assossegar-se mirant un vídeo.

—Arreplega els joguets —li deia el pare cada vegada que els escampava.

—No. Encara vull jugar més.

El pare i la mare havien d'estar una hora cada dia per ensenyar-li a arreplegar els joguets.

Encara que el castigaven cada dia per no creure a la primera, el lleonet plorava, demanava perdó i, al dia següent, seguia igual de cabut.

Un dia era l'aniversari del veí i els va portar uns trossos de pastís. Al menut lleó li encantaven les festes i el pastís.

—Anem a menjar-nos el pastís —va dir la mare.

—¡No vull! —va contestar el lleonet cabut.

El pare i la mare estaven tant cansats de repetir-li les coses que aquell dia no li van insistir. Se'l van menjar tot.

El menut, en veure que no el cridaven altra vegada, va anar. El pastís ja s'havia acabat! Quin desengany!

Tots van aprendre d'aquell dia. Els pares ja mai més li van dir les coses més que una vegada. Ell esperava un poc. Com no li ho repetien, ho feia.

Va acabar sent el més ben cregut i educat del món.

10. UN POC DE VERDURA CADA DIA

Consells didàctics: Contes com aquest ajuden a presentar les verdures com a protagonistes del conte. Són necessàries per a una alimentació rica, variada, sana i completa, per estar fort i créixer sa i feliç… connotacions positives que ajudaran. De totes maneres, en el tema de "l'alimentació" és molt necessària la col·laboració dels pares i mares.

Hi havia una vegada un calamar vegetarià al qual li encantaven les verdures però hi havia una que no havia aconseguit provar encara: el julivert.

Calamar havia d'estar dins l'aigua i el julivert estava fora. Li feia molt de desig quan veia que el conillet en menjava.

Cada dia el calamar saltava més alt però no aconseguia provar aquella verdura que semblava tant deliciosa. Conillet el va veure saltant i li va preguntar.

—Què busques, Calamar?

—M'agradaria provar eixa verdura que menges tu tots els dies —va dir Calamar—però està molt lluny i ja no puc saltar més alt.

—Et refereixes al julivert?—va preguntar Conillet—. Pren unes fulletes, ara n'estava menjant.

Conillet li'n va donar unes fulles. Li van agradar molt.

—Me'n podries donar un poc cada dia? —va preguntar Calamar—. La mare diu que si menjo verdura estaré sa i fort.

—Clar que sí—va contestar Conillet—. Però no te'n donaré tots els dies de la mateixa. La meva mare diu que s'ha de menjar de tot i variat perquè la nostra alimentació siga completa.

Així va ser com Conillet li tirava a l'aigua uns trossets de verdures diferents cada dia perquè la seva alimentació fóra rica i variada.

Dilluns li tirava col i enciam. Dimarts... (així recordem els dies de la setmana i els noms de les verdures).

Calamar es menjava totes les verdures i es va fer fort i valent com Conillet. Tots dos van créixer sans i feliços.

11. El GOS I LA BALENA

Consells didàctics: Els animals són per als nostres menuts i menudes una font d'estima i d'amor desinteressat que es contagia, es transmet i mai s'esgota. Ajudar el company o la companya que ho necessita, deixar-li les coses, jugar amb ell /ella només pel plaer de sentir-se bé. Segur que parlant ixen moltes situacions que això ha passat ho hauria d'haver passat i podem posar-les en forma de conte.

Hi havia una vegada un gos que passejava per la platja, allí pescava xicotets peixos que eixien de baix de les roques.

De sobte, li va caure un xorro d'aigua damunt. Va veure que l'aigua eixia d'una font molt estranya, era negra i gegant. Va provar de mossegar-li.

—Ui! Quin mal!

—Qui eres tu? —va preguntar el gos.

—Sóc una balena xicoteta. M'he perdut.

—On està ta mare?

—No ho sé.

—Vols jugar? —li va preguntar el gos.

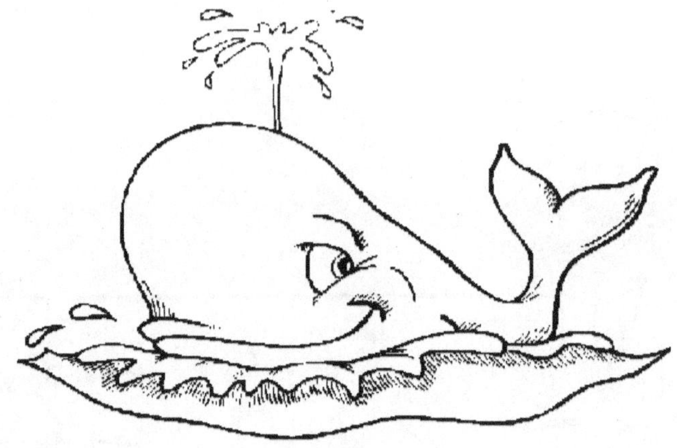

—Sí que m'agradaria, però m'has d'ajudar a desenganxar-me d'esta roca i, si tens temps, ajudar-me a trobar ma mare. Estarà preocupada. Porto molt de temps enganxada ací.

—No tinc res més que fer.

El gos la va empènyer dins de l'aigua, s'agarrà a la seva cua i van nedar junts pegant voltes fins que, darrere d'unes roques van trobar la mare i les germanes de la balena que també havien pegat voltes buscant-la.

—Mamà!

—Filleta! Estàs bé?

—Sí, m'havia enganxat. Aquest amic m'ha ajudat a desenganxar-me i a trobar-te.

—Gràcies —va dir la mare — . Què puc fer per tu?

—Tinc calor i estic esgotat. No sé tornar a la vora ni em queden forces.

La balena gran es va carregar el gos a l'esquena i se'l va emportar a la costa. Anava seguida de les seves filletes.

—Adéu i gràcies — li digueren les balenes.

—Adéu boniques i fins una altra—va dir el gos— .La dutxa i el passeig han estat molt bé.

—Quedem demà? —va dir la xicoteta balena quan se n'anava.

—Val. Darrere la roca —va cridar el gos.

La balena i el gos van jugar junts durant molt de temps.

12. PARA DE MOLESTAR!

<u>Consells didàctics</u>: Costa molt de mentalitzar els nostres xiquets / xiquetes de no molestar els companys. Quan els avisos no són suficients s'han de buscar altres recursos per a convèncer-los. Podem aconseguir-ho amb el conte adequat. És important que els / les alumnes participen el conte, feedback (retroalimentació), sabem si segueixen o no. Si quan preguntem ixen idees originals, podem donar un altre final al conte. A partir del conte podem treballar l'expressió oral, situacions semblants, o anècdotes.

Lleó havia menjat molt i estava mig adormit fent la sesta. Però, de sobte, notava com algú li pessigava l'orella i hi havia un soroll grinyolant que el despertava de la seva somnolència:

—Pic, pic, pic.

—*Grrrrrrrr!* —rugia el lleó mentre alçava un poc la garra.

Però la garra no hi arribava. Hi havia uns minuts de silenci i, de sobte:

—Pic, pic, pic.

—*Grrrrrrrrrrrrrrrr!* —rugia el lleó cada vegada més rabiós.

(Podem fer participar als nostres xiquets / xiquetes que gesticulen com si foren pardalets o com si foren lleons, ajuda a entendre, crea animació i dóna bon ambient).

—Pic, pic, piiiiiiicccccccc.

—Grrrrrrrrrrrrrrrrrrrrrrrrrrrrrrrrrrrrrrrrrrrrrr!

Tantes vegades va rugir i tant fort que el lleó es va despertar de la seva somnolència i va anar al bany a mirar-se a l'espill a veure què tenia enganxat a la melena que li feia sorollets a l'orella.

El pardalet es va amagar. Com que no veia res, el lleó va decidir pentinar-se la melena.

"Endevineu. A qui creeu que li va clavar la pinta?" (feedback, retroalimentació, sabem si estan seguint o no).

Efectivament, encara que el lleó no portava intenció de fer-li mal.

Pic-pic, el pardalet no va poder desplegar la cua en tota la setmana perquè li feia mal la part de darrere de la punxada que es va portar.

—Ahhhhhhhhhh! Quin mal em faaaaaaa el culeteee! —va estar cridant tota la setmana. (Els / les xiquets / es gesticulen i provoca rialles).

Quan, finalment es va recuperar, no li van quedar ganes de tornar a molestar.

13. L'ARMARI SENSE PORTES

<u>Consells didàctics</u>: Contes com aquest ens serviran a valorar la part bona de les persones. Tots som aqueix armari i, a la vegada, tots som l'ama de la tenda que l'arraconen perquè li troben un defecte. Rebutgem les persones i les coses a la més mínima que no ens agrada. Per què? Què opineu de l'actitud de l'ama de la tenda? És important que els / les nostres alumnes prenguen partit al llarg de la història i s'identifiquen amb els personatges del conte, que visquen el conte. Així, quan els toque viure-lo en la vida real, potser ho facen millor que l'ama de la tenda de mobles del conte.

Hi havia una vegada un armari que va tenir un problema a la fàbrica de mobles i se li van trencar les portes. La qüestió va ser que quan va arribar a la tenda de venda tenia les portes en mal estat.

L'armari estava trist, pensava que ningú li confiaria la seva roba a un armari que no tenia les portes en condicions i que ningú es fiaria d'ell mai perquè tenia un defecte físic. Algú havia escrit "defectuós" en la seva caixa.

En principi, les seves sospites van ser certes, el van rebutjar a l'exposició i el van deixar dins de la capsa perquè fora posava "defectuós".

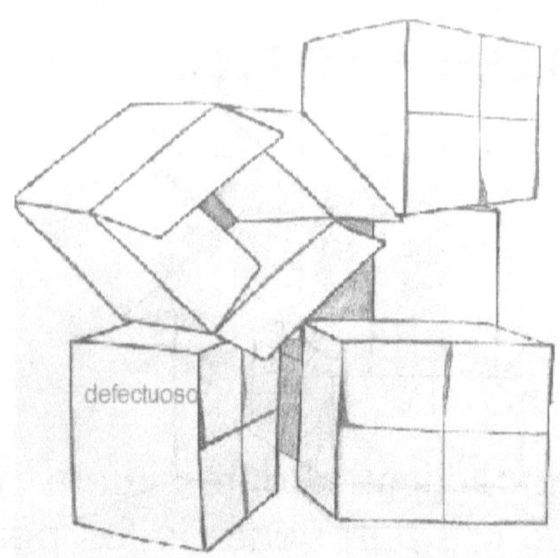

—Els defectuosos directe a les escombraries —va dir l'ama de la tenda.

La seva capsa se'n va anar al munt de les capses per a tirar amb ell dins. Estava desesperat. Intentava cridar però ningú escoltava la seva veu: "Tragueu-me d'ací!" "Doneu-me una oportunitat!" "No em tireu a les escombraries". "Encara que no tinga portes, tinc moltes altres coses bones que poden ser útils al món".

"Han fet bé d'arraconar-lo?" (intervenció dels alumnes per contestar si /no).

Uns compradors que van visitar l'exposició pegaven voltes i no trobaven el que necessitaven. Portaven un xiquet menut que se'n va anar a jugar amb les capses buides de les escombraries.

—Els puc ajudar? —els va preguntar l'ama de la tenda.

—Estem buscant un armari sense portes— va dir el pare—. Li'n volem posar unes d'espill que ens combine amb la resta de l'habitació.

—Ho sento! —va dir la de la tenda—. Ací no tenim armaris sense portes.

"Què podria passar perquè els compradors s'assabentaren de l'existència de l'armari?" (intervenció dels / de les alumnes).

Ja se n'anaven quan el xiquet va cridar l'atenció a sa mare:

—Sí que en tenen un, mamà —va dir el xiquet—. El que passa és que no han obert la capsa encara. Vine i veuràs.

—Jo no sé res d'això — va dir l'ama de la tenda—. Haurà sigut un error dels que descarreguen.

L'ama de la tenda, com li interessava vendre, va fer com si no sabés res. Van anar a mirar i, efectivament, hi havia una capsa plena i sense obrir entre les escombraries.

Van mirar el dibuix i les mides. Era exactament el que estaven buscant. El van comprar immediatament, van quedar per anar a muntar-lo i li van encomanar portes d'espill a mida.

Va ser l'única venda del dia i va produir substanciosos guanys a l'empresa.

Tot gràcies a aquell xiquet que no es va deixar influir per les aparences i va voler mirar el fons de la capsa.

L'armari va ser benvingut a la seva casa nova on el seu defecte era una virtut i on no se mirava el seu problema sinó les moltes coses bones que podia oferir. En un tres i no res va estar ple de roba i va ser molt feliç.

14. QUI HA AGARRAT LES ARRACADES?

Consell didàctic: Els objectes que es perden en el conte poden canviar i també qui els agarra sense permís i el motiu perquè ho fa. L'important és que els / les alumnes participen amb les seves idees al conte i se senten protagonistes del conte. A tots ens han agarrat coses sense permís. Tots podem crear el nostre propi conte.

Des de feia temps la mamà tenia un problema: quan anava a posar-se les arracades, el joier estava tot revolt, inclús se li desapareixien algunes joies. Li tornaven aquelles i li'n desapareixien unes altres.

—Qui ha agarrat les meves arracades?
—preguntava nerviosa.

—No tinc altra faena! —deia el papà—. No sé res del tema. Ho sento.

—Quines arracades? Jo no he sigut
—deia el xiquet.

—Ja està bé de bromes! Només vull que, qui haja sigut, que les torne.

"Qui penseu que havia sigut?" (Escrivim tres candidats a la pissarra i els xiquets voten: el gos, la gata, el periquito o la iaia).

Tot es va aclarir una nit que el xiquet estava malet i es va quedar dormint al llit de la mamà.

Li feia mal la panxa i va quedar-se despert. Va escoltar un soroll. Algú estava entrant per la finestra.

—Mamà, un lladre! —li va dir baixet a la mare.

—Meu!

—Si és la gateta de la veïna —va dir la mamà.

Van encendre la llum i van veure que li estava agarrant una arracada.

—Mira qui em furta les arracades! Per què les voldrà? (pluja d'idees).

—Tranquil·la que jo la seguiré —va dir el xiquet.

El xiquet va seguir la gateta i va veure que tenia un niu de gatets a la terrassa i els portava les arracades perquè jugaren els fillets.

Quan s'avorrien, les tornava i n'agarrava unes altres.

—Li hem de dir a la veïna que és *tia,* que la seva gata té fillets.

—Amb el fàcil que resulta demanar que el deixen les coses, i haver-les d'agarrar sense permís.

La   mamà va recuperar les seves arracades. El xiquet va buscar els joguets de quan era més menut que ja no gastava i els va portar al niu dels gatets perquè jugaren.

15. UNA VEGADA TIRANO EL XICOTET VA ESTAR A PUNT DE BARALLAR-SE

<u>Consells didàctics:</u> La pluja d'idees per veure com segueix el conte, els fa prendre decisions i participar de forma activa en el conte. És un reforç positiu per a la seva creativitat. Hem de procurar que les idees vagen orientades a la no violència, a solucionar els conflictes amb diàleg i de manera pacífica.

Tirano el xicotet sempre s'alimentava del menjar que li portaven el papà i la mamà.

Va anar creixent fins que un dia va descobrir que li agradava una dinosaureta molt simpàtica.

Va anar a veure-la. Es va trobar un problema: Gegant, el dinosaure més fort de tota la manada, sospirava per la mateixa dinosaureta.

Gegant va desafiar Tirano a un combat a mort. El que guanyaria, mataria l'altre i es quedaria amb la dinoasureta.

Des de xicotet Tirano estava en contra de barallar-se per aconseguir les coses. Però ara, sabia que no podia barallar-se amb el dinosaure més fort de la manada perquè pedreria.

En l'únic que el superava era en intel·ligència.

Va estar tres dies pensant.

"Quina solució va trobar?" (els / les alumnes busquen idees, ens quedem la més original).

—Sóc el més fort de la manada, et venceré! —va cridar Gegant.

—No, jo sóc el més fort! —va cridar Tirano el xicotet seguint el pla—. Si de veritat eres el més fort has de demostrar-ho en la prova inicial.

—Quina prova inicial? No hi ha res que em faça por. No hi ha res que no puga vèncer—cridava Gegant furiós.

—Sí que ho hi ha.

—Què?

—Llançar la pedra més lluny a l'altra part del riu.

—Accepto! —va dir gegant orgullós—. I després barallarem!

No hi havia manera que deixara de pensar en violència. Va llançar la pedra Tirano. Va anar a parar molt lluny. Era el seu joc favorit de xicotet.

Gegant va voler superar-lo de manera que va llançar la pedra tant lluny que va caure de cap dins del riu i va ser arrastrat i va pegar-se-la contra una roca. Es va quedar ferit durant molt de temps.

La dinosaureta es va enamorar de Tirano per la seva intel·ligència, perquè era capaç de solucionar les coses sense usar la violència i perquè no va fer el combat a mort amb Gegant.

No només li va perdonar la vida sinó que li va curar les ferides i li va donar a menjar fins que va estar bé.

A partir d'això va aparèixer un costum nou: les diferències les solucionaven parlant i per a desempatar tiraven una pedra ben lluny.

El dia que Gegant va acabar de curar-se Tirano i la dinosaureta ja s'havien casat i tenien fills. Gegant s'havia quedat sense faena.

—Si ningú es baralla ja, quin treball faré jo ara? (Pluja d'idees per part dels alumnes).

—Que tal si comences fent de minyona i cuides dels meus tres fills? —va dir Tirano.

Gegant va acceptat encantat i durant molt de temps van viure en pau.

16. EL GALL DEL PIC MORAT

   <u>Consells didàctics:</u> Cada dia hi ha més immigrants. A vegades la tolerància entre diferents cultures és molt poca o nul·la. Què podem fer per arreglar-ho i crear un bon ambient? A vegades, donen resultat contes com aquet. Tot el món ha de tenir l'oportunitat, no importa el seu aspecte físic ni les circumstàncies que l'envolten.

Hi havia una vegada un país on tots els pollets tenien el pic taronja menys Pic Pic que el tenia morat.

   —Eres un poc estrany— li deien els altres.

   Els mostraven recelosos amb ell com si tingués una malaltia contagiosa. Tots s'apartaven.

   Tal i com creixia estava tant desesperat que sa mare li va deixar ficar-se un poc de pintura taronja.

—Què bé! Li ha canviat el pic! És dels nostres!

Tots el van voler, va tenir molts amics i va ser molt feliç. Fins que un dia van començar a arribar nouvinguts amb el pic morat.

Els del pic taronja no acceptaven als del pic morat perquè els pareixien molt estranys.

Aleshores Pic Pic va recordar. Davant de tots es va fer saltar la pintura del bec.

—A tu et coneixem però ells… ens robaran o ens contagiaran.

—A mi no em coneixeríeu si no m'haguéreu donat l'oportunitat…

—És veritat —va reconèixer el cap dels galls—. Anem a donar-los l'oportunitat de demostrar com són…

Així va ser com en aquell país es va començar a valorar a la gent pel que feia i no pel seu aspecte físic.

17. EL GOS PRESUMIT

    <u>Consells didàctics:</u> Com s'ha de fer per tenir molts amics i no quedar-se sol / sola? Això només ho descobriran els nostres alumnes si troben sols el final del conte. Els plantegem el problema i deixem que ells acaben el conte. Després podem parlar dels problemes del grup i buscar-los la solució en forma de conte.

Hi havia una vegada un gos molt fanfarró que passejava pel parc i tots els gossets se'l quedaven mirant.

— Bub, bub!

Tots els gossets i gossetes es giraven quan ell passava i li feien una reverència. Un altre dia hi havia molts gatets xicotets i en veure'l:

—Bub, buuuuuub!

—Uffffff!

Es van esglaiar i van fugir tots corrents.

L'endemà estava també son pare, un gatot molt gran amb unes urpes enormes:

—Bub, buuuuuub!

—Mèeeeeeeeeu!

—Ai! Ai! Aaaaai! Aaaaaaaaaaaaaaaiiiiiii! —se'n va anar el gos cridant.

Al gos se li van acabar de colp les ganes de presumir.

Com no sabia fer res més, estava trist i decaigut a un racó del parc mirant com jugaven els gatets mentre son pare vigilava.

Un dels gatets dels què abans esglaiava se li va arrimar i el va invitar a jugar.

—Si vols podem jugar.

—De veritat? No t'importa jugar amb mi?—va contestar el gosset.

—No —va dir el gat—. Sempre que deixes de presumir… Ens molesta.

—Això està fet —va contestar el gosset molt content.

Des d'aquest dia van ser amics i van parlar i es van dir les coses que els molestaven i també les que els agradaven.

Era el primer pas per fer nous amics. El gosset mai més va estar sol.

18. EL HÀMSTER MENJAPELS

Consells didàctics: La "pluja d'idees" o també el "Brainstorming" d'Osborne) és un altre recurs molt útil perquè els alumnes entren en la història i se senten protagonistes. A partir d'aquest conte podem parlar dels menjars que els agraden i, entre ells els que són saludables i els que no.

Era una vegada un hàmster que li agradava l'herba tendra, com que no en trobava en tota la casa, buscava la cosa més suau i amb millor aroma que es pogués trobar per menjar-s'ho. "Què seria?" (intervenció dels / les alumnes, *"Brainstorming"* / pluja d'idees).

Es menjava el cabell del xiquet mentre dormia perquè feia molt bona olor. El xiquet es pentinava tots els dies, es posava colònia, es dutxava, es rentava la cara pel matí; les mans, abans i després de menjar; i les dents, cada vegada que menjava.

La mamà estava preocupada: el hàmster no menjava el que li posaven, i al mateix temps, al xiquet no li creixia el pèl.

Una nit la mamà es va quedar al sofà fingint estar dormida. Però estava amb un ull obert i amb una paleta de matar mosques a la mà, per si de cas.

La mamà va escoltar un soroll. Li descarregà paletada.

—Ui, ui, uiiiiii!

Els crits van començar al menjador i van continuar a l'habitació del xiquet.

Els va seguir en silenci i a distància i la mamà es va amagar darrere la porta. "Què va veure?" (pluja d'idees dels xiquets i xiquetes o "brainstorming").

El hàmster va tallar amb les seves dents el pèl al xiquet i va eixir camí al seu niu amb el pèl a la boca. "Per què el voldria?" (turmenta d'idees).

Va arribar una noteta de l'escola dient que tots els alumnes s'havien de posar colònia per als polls donat que hi havia una epidèmia. Al xiquet li van posar colònia antiparàsits.

El hàmster es va tirar una setmana amb diarrea però, això sí, va deixar de menjar-se el pèl del xiquet.

La mamà que per fi va assabentar-se del que passava, li va posar palla al hàmster perquè rosegara.

Des d'aquell dia el hàmster va deixar les coses dolentes que li abellien i va començar a menjar-se el que li ficaven al plat que, encara que li costava un poquet, era el millor per a la seva salut.

19. EL DÀLMATA REBEL

Aplicació didàctica: Els nostres menuts creixen i les coses canvien. Això ho han d'acceptar amb naturalitat. Els joguets que deixen arrere quan creixen són sempre motiu de cometari. Cada xiquet es pot inventar el seu propi conte a partir d'un joguet que ja no gasta i que una nit cobra vida i fa malifetes per sa casa.

Era una vegada un xiquet que va créixer i ja no li agradava el pijama que tenia un dàlmata dibuixat.

El dàlmata que s'havia quedat oblidat en un calaix, es va despenjar del pijama i se'n va anar.

El xiquet no va enyorar gens el pijama del dàlmata. Va pensar que sa mare li havia comprat pijames nous i se'l va posar amb gust.

El dàlmata va estar un dia sencer baix del llit. Li va agarrar fam, va anar a la cuina i es va menjar per sopar l'entrepà que s'havia preparat el papà per a l'endemà.

—Qui m'ha pillat l'entrepà? —va dir el papà.
Ningú sabia res.

S'havia amagat darrere la porta de la cuina i, per desdejunar, el dàlmata es va beure un got de llet amb pa torrat que hi havia preparat.

—Açò no pot ser! —va cridar la mamà—. M'ha desaparegut la meva llet també.

Mort de son, el dàlmata es va gitar a dormir al llit del xiquet:

—El que faltava! El dàlmata dorm al meu llit! Mare, mare!

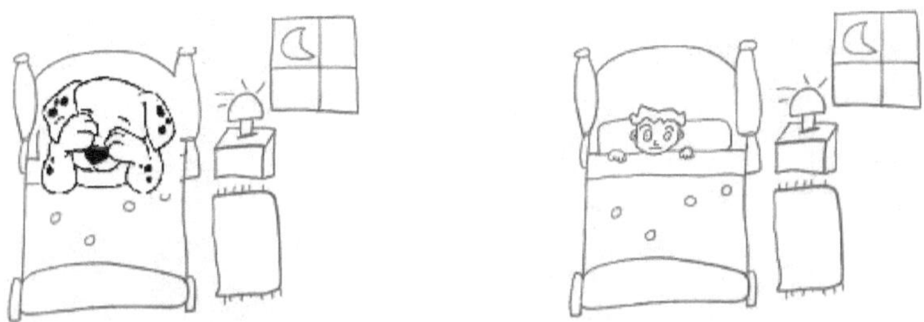

Quan la mare va acudir no hi havia ningú al llit més que el xiquet amb el pijama del dàlmata posat.

Tot havia sigut un somni. Després de tot, aquell pijama no estava tant mal. Se'l va seguir posant, no fóra cas que el dàlmata es tornara a despenjar i en fera de pitjors.

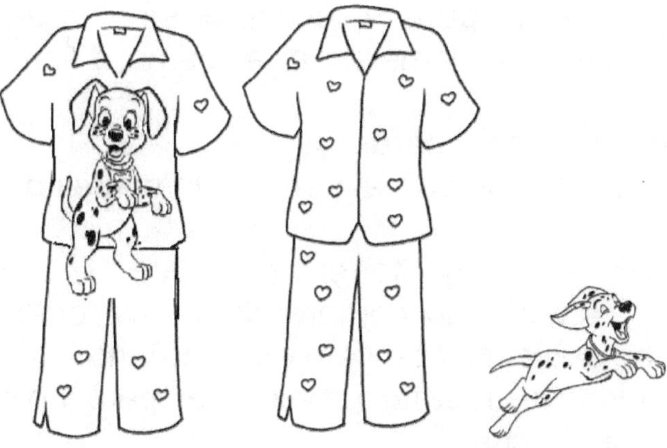

20. ELS DINOSAURES TAMBÉ ANAVEN AL PARC

   <u>Consell didàctic:</u> Mai podem dir *"no hi ha oportunitat per a tu"*. Sempre es troba si la busques. A través de contes com aquest podem educar amb una mentalitat més oberta de cara a una societat plurilingüe i pluricultural.

Fa molts anys hi havia una família de dinosaures velociraptors. Mentre papà velociraptor se'n va anar a caçar, el fillet li va demanar a la mamà d'anar a jugar.

   —Vull anar a jugar al parc.

   —Els dinosaures no van al parc! —va contestar la mamà.

   —Per què? —va preguntar el menut.

   —Està bé. Anem i ho comprendràs —va dir-li la mamà que no sabia molt bé com explicar-li-ho.

   El dinosauret va intentar gronxar-se, però no va poder seure per la cua.

   Ho va intentar amb el tobogan, però quan ell va pujar, el tobogan es va trencar.

   Va intentar pujar al castell i no cabia entre les barres perquè el xicotet velociraptor era massa llarg.

Ja se n'anava desenganyat cap a casa quan va arribar un grup de xicotets dinosaures amb un baló.

El van invitar a jugar. Van fer un partit de futbol. Xutaven amb les cues. S'ho van passar d'allò més bé.

Des d'aquell dia la mamà sempre el va deixar anar a jugar al parc quan li ho demanava. Sempre hi hauria algun joc al qual podria jugar.

21. SEMPRE RENYINT COM EL GAT I EL GOS

<u>Consells didàctics:</u> Aquest conte es molt útil per a final d'infantil i per a primer cicle. Usar el diàleg per solucionar problemes, respectar els joguets, compartir les coses. Són valors que costen adquirir i s'han d'introduir de moltes maneres. Aquest conte només és una d'elles. Si contem el conte a primer cicle podem fer que diferents xiquets o xiquetes acaben el conte. Amb un mateix principi tindrem contes variats.

Hi havia una vegada un gatet, un gosset i un ós de peluix.

El gatet volia l'ós de peluix per estirar-se les ungles i el gosset el volia per mossegar-lo. Es van posar a renyir.

No usaven les paraules sinó les ungles i les dents. Cap d'ells atenia a raons.

—Jo vull l'ós de peluix per afilar-me les ungles. L'osset és meu —deia el gat.

—Ni parlar-ne d'això —deia el gosset—. L'osset és per a mi. Jo el necessito per esmolar-me les dents. Les dents són més importants que les ungles.

—Nooooo.

Es van posar a estirar un de cada costat. Se'ls va escapar l'osset i ells van continuar clavant-se ungles i dents, fent-se mal.

De sobte, es van donar compte que l'osset havia caigut a mans d'un xiquet.

"Què penseu que va fer el xiquet?" "Què va passar després?" (ací poden sortir vàries versions del conte, en triem una que acabe bé).

El gatet i el gosset van deixar de barallar-se i es van quedar mirant el xiquet. Aquest va usar el diàleg per solucionar les coses:

—Sabeu que a l'osset de peluix no li agrada que li claven les ungles ni que el mosseguen? —va preguntar el xiquet.

—Només és un joguet. No té sentiments —va dir el gat.

—I tu què saps? —va dir el xiquet—. Des de quan està permès maltractar els joguets?

—No està bé —va dir el gat.

—No us el tornaré fins que feu les paus i m'assegureu que el gastareu per jugar i no per fer-li mal.

El gatet i el gosset van fer les paus i van tractar bé els joguets.

És per aquest motiu que quan dos xiquets o xiquetes renyen sense atendre a raons els cridem l'atenció: *"Ja esteu renyint com el gat i el gos?"* I paren de renyir immediatament.

22. EL GATET TORERO

<u>Consells didàctics:</u> Acceptar els amics tal i com són. Respectar-los en els seus gustos i opinions i no tractar de dominar-los costa molt als nostres alumnes. A veure si podem suavitzar les coses amb contes com aquest.

Una vegada un xiquet es va trobar un gatet xicotet plorant abandonat.

Després de preguntar-li-ho a sa mare, se'l va emportar a casa i li va donar llet.

El gatet era mans i es deixava tocar. No sabien com cridar-lo.

De moment, el xiquet el gastava de joguet. Cada dia el xiquet jugava un poc amb els joguets i un altre poc amb el gatet.

Quan van començar les festes al poble, el gatet es va escapar. Van pensar que havia retrobat els seus antics amos o que havia trobat núvia.

"Què penseu vosaltres?" "On estava el gatet?" (intervenció dels alumnes).

Estava a la plaça on feien els bous darrere la barrera, buscant l'oportunitat d'eixir a torejar.

En veure l'oportunitat la va creuar i va torejar el bou. Tota la gent li va aplaudir.

Va seguir fent-li passes al bou com si ho haguera fet tota la vida, el gat va pujar al tauló, el bou també, després li va fer saltar el banc i pujar a la piràmide.

Va ser un triomf total. Hi va haver una forta ovació per part del públic.

Mentre el xiquet se n'anava a buscar al gat per felicitar-lo, va veure que un home amb cara de roí se l'emportava pres en una gàbia i va sentir uns comentaris:

—Ara el farà torejar a canvi de diners. Menut xollo ha trobat!— deien uns companys de l'home roí.

El xiquet va anar fins a un guàrdia civil i li va explicar el que havia vist.

—No es tractarà d'un home molt malcarat amb una cicatriu a la boca? —va dir el guàrdia.

—Sí, com ho ha sabut?

—L'estan buscant per robatori i atracament.

Van detenir el delinqüent i li van tornar el gat al xiquet.

En aquell noment ja li havia trobat nom:

—Et cridarem Torero —va dir el xiquet.

El gat va acceptar ser adoptat però amb una condició: a la pròxima correguda de bous que hi haguera al poble els deixarien anar a torejar gratuïtament.

Si l'acceptaven tal i com era com amic ja no li faria falta tornar a escapar-se.

23. EL XIQUET I EL TAURÓ

   Aplicació didàctica: Un conte llegenda té la seva màgia. Per un moment tots i totes som herois, vencem la por, parlem amb la tauró femella i salvem el món. Quan el conte acaba tornem a ser mestre / a i alumnes i hem de recordar als nostres xiquets que no s'han de posar en situacions de perill. Què hauria passat si els taurons hagueren sigut roïns i s'hagueren menjat el xiquet? Els pares s'haurien posat tristos. Com li haguera pogut ajudar el xiquet al tauró sense posar-se en perill? Busquem un altre final al conte.

   —Com   és que no hi ha taurons per la costa, mamà?—va preguntar el xiquet.

—Veuràs —va dir la mare i li va contar la història.

Tot va ser cosa d'un xiquet molt valent que va viure fa molts anys. Un dia se'n va anar bussejant mar endins en busca d'aventures.

Tenia fam, va pescar un peix i el va traure de l'aigua:

—Uiii! Solta'm! —va dir el peix.

—Eres un tauró —va dir el xiquet amb sorpresa—. On estan els teus pares?

—Al fons —va dir el tauró amb dificultat per respirar—. Torna'm a l'aigua ràpid que m'estic ofegant.

El xiquet, en veure que es tractava d'un bebè, el va posar dins de l'aigua.

Van parlar. Resultava ser que el tauró s'havia perdut per no creure els seus pares i no sabia tornar. Estava plorant.

—Acompanya'm, per favor—va dir el tauró.— Sóc xicotet i no sé tornar amb els meus pares.

—Això està prompte dit! —va dir el xiquet mentre pensava en les dents dels taurons adults.

El xiquet tenia molta por dels taurons grans. Però com que el xicotet tauró no parava de plorar, va decidir ajudar-lo a arribar als seus pares amb la intenció de deixar-lo, només els veren de lluny i anar-se'n a tota velocitat bussejant. "Què hauries fet tu?" "Creus que se'l menjaran?"

—Gràcies!—va dir la mare del tauró que els va sorprendre amb la seva presència—. Què puc fer per tu?

—No sé si podreu! —va dir el xiquet amb dubte.

—Per favor! M'has tornat el meu fill. Digues, el que siga! —va insistir la tauró femella.

—Bé. A la platja, els xiquets ens esglaiem dels taurons. Podríeu anar a viure més al fons del mar i no donar més por als xiquets?

—De veritat donem por? Només volíem jugar, nosaltres mengem peixos, els humans són massa grans.

—Sí, però les mamàs i els papàs no ens deixen nedar si hi ha taurons —va dir el xiquet.

—Està bé. Això està fet —van dir els taurons tots a una.

—Adéu amic— li va dir el xicotet tauró.

—Adéu.

A partir d'aqueix dia ja mai més es van veure taurons per la costa.

24. TOM, EL CRANC COIX I ELS SEUS AMICS

Consells didàctics: Els docents sempre procurem buscar la part bona de les coses i tractem amb naturalitat els defectes físics. Contes com aquest ens serviran per a crear un bon ambient i a traure-li importància al problema i a donar-li importància a la persona. Si els xiquets busquen un final al conte, l'elecció serà d'ells i, molt millor.

Una vegada va ploure molt, els crancs del riu es van desorientar i se'n van anar per totes parts.

El camí es va omplir de crancs. Tots jugaven feliços per la terra banyada menys un, Tom, que coixejava ja que de xicotet es va trencar la cama i se li va curar malament.

A l'hora de jugar a ell li encarregaven una tasca senzilla. Encara que els seus amics tractaven de no donar-li importància al seu problema, ell si que li'n donava i sentia certa vergonya perquè tots el tractaven amb llàstima.

Va passar una família pel camí i va veure els crancs. Els xiquets li van proposar a la mamà d'agarrar els crancs uns dies a la piscineta de casa. Els feia tanta il·lusió que la mare va acceptar.

Van agarrar un poal i van posar dins tots els crancs, però quan van intentar agarrar al coix, li van tindre llàstima i el van deixar.

Allò va representar el cúmul de la seva paciència. No podia ser que fins els humans li tingueren llàstima.

—Agarreu-me que sóc tant valent com ells— deia.

Però els humans no l'entenien.

—Deixeu-lo, pobret. El matareu si el toqueu— va dir un dels xiquets.

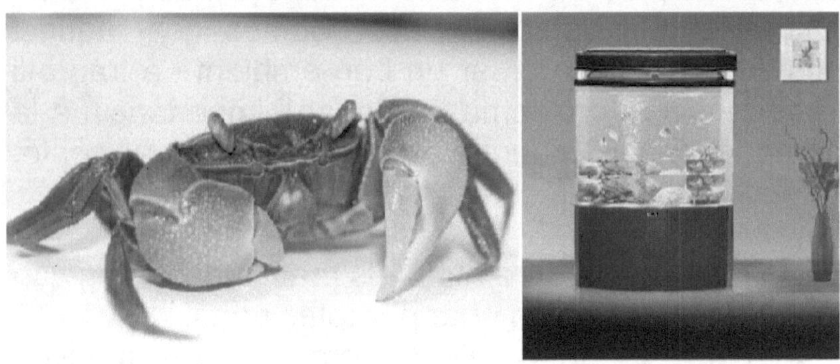

Els dos dies que van seguir van ser terribles tant per al cranc coix com per als seus amics capturats. Tom se sentia inútil i menyspreat:

—No servisc ni per fer-me presoner. Em quedaré sol la resta de la meva vida.

Els seus amics estaven presoners. En principi els agradaven els bons menjars que els oferien: gambes, bon peix, pernil dolç, menjar de peix o de tortugues. El millor que els xiquets tenien a casa.

Però prompte les parets de la piscina els van paréixer gegants als crancs. Van deixar de menjar. Envejaven la llibertat del seu amic Tom:

—Quina sort ha tingut d'haver-se lliurat. Ell sempre serà lliure i nosaltres ens morirem ací.

Per sort el xiquet menut va observar que els crancs no menjaven i que pareixien malalts. Ho va dir als altres xiquets.

Abans que moriren van decidir tornar-los al riu. "Què penseu que va passar?"

Tom estava plorant quan van arribar els seus amics però prompte va deixar de fer-ho:

—Quins dos dies més llargs he passat! Pensava que em quedaria sol! —va cridar Tom.

—Segur que pitjor que nosaltres, no! Tu estaves lliure, nosaltres no. Has tingut molta sort d'haver-te quedat. Eres el cranc més afortunat del món.

Tom va somriure. Per fi, el fet d'estar coix li havia donat sort. Tots van començar a admirar-lo i a respectar-lo. I ell, poc a poc, va acabar estant orgullós de ser com era.

25. EL REI DELS RELLOTGES S'HA TORNAT EGOISTA

Consells didàctics: A tots i totes ens agrada sentir-nos herois. Un conte com aquest ens diu: *"Per ser heroi has de fer el que és correcte i no fer cas de les bovades que et manen que faces"*. Potser aquest conte ajude a millorar el comportament però no és suficient. Hi ha coses que se'ls han de repetir tots els dies de mil maneres. El conte només és una d'elles.

Era una vegada un rei màgic xicotet que vivia dins d'un rellotge. Ell dirigia la maquinària de tots els rellotges del món.

Ell decidia quina hora havia de ser i tots els rellotges obeïen. Un dia se li va ocórrer una mala idea i la va posar en pràctica: va ordenar que tots els rellotges del món es pararen a les sis en punt i va esperar a veure què passava.

—Jo, el Rei Màgic dels Rellotges ordeno que tots els rellotges del món s'aturen a les sis en punt.

Màgicament els rellotges van fer cas i es van quedar parats. La gent que estava treballant va seguir treballant indefinidament, els que estaven a casa van oblidar fer el sopar, els xiquets no van fer els deures, el sol no se'n va anar i va continuar sent de dia.

Per sort hi havia un xicotet rellotge que pensava les coses dues vegades abans de fer-les. Havia decidit que tot allò només podia ser un malentès o una bovada. Va seguir funcionant pel seu conte.

—Això no és bo. És una bovada o un malentès. Vaig a seguir funcionant que és el més correcte.

"Penseu que es va parar el món?" "Va aconseguir salvar-lo el xicotet rellotge?"

En assabentar-se que els altres rellotges del poble s'havien parat, ell va transmetre desinteressadament l'hora a la resta de rellotges fins que la vida va tornar a la normalitat.

—Quina hora és, per favor?—li preguntaven.

—Les deu i mitja —ell deia l'hora gustós.

Poc a poc la gent va anar posant els rellotges a hora. Tot gràcies a aquell xicotet rellotge que havia actuat justament, encara que li havien manat que fera bovades.

El mag egoista no va poder parar el món i tot va seguir funcionant com sempre.

El rei màgic dels rellotges va reconèixer el seu error i, des d'aleshores va deixar que cada rellotge s'independizara i, si es parava, ho fera baix la seva responsabilitat i pensant les coses dues vegades abans de fer-les.

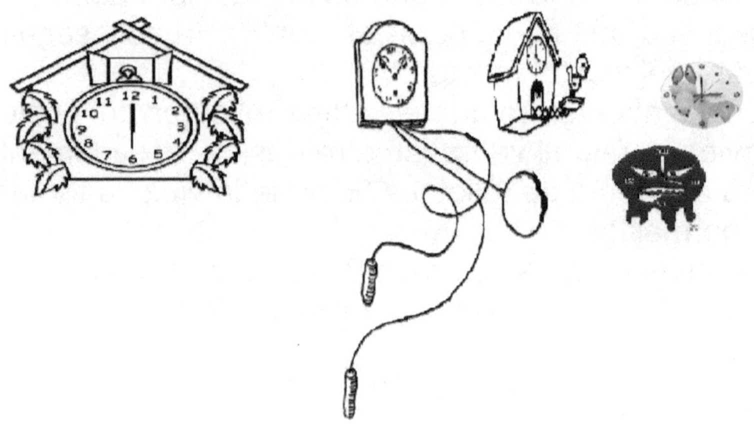

26. LA FAMÍLIA D'ÀNECS SE'N VA AL BOSC

<u>Consells didàctics:</u> Certes famílies són molt orgulloses i ho transmeten als fills. Aqueix creure's millors que ningú i no demanar ajuda per orgull és un problema amb el qual els docents hem d'enfrontar-nos. Ho podem fer de forma creativa amb contes com aquest. Si a més els / les alumnes li busquen un final creatiu al conte ja estan reflexionant sobre el tema: *"No passa res per demanar ajuda quan ho necessites"*.

Hi havia una vegada una família d'ànecs molt orgullosos que vivien al prat.

Havien sentit dir que els seus cosins, que havien anat a viure al bosc, gaudien d'una vida meravellosa i no els faltava el menjar mai.

Eren tant orgullosos que no van voler preguntar sobre el camí al bosc. Van decidir anar al bosc per la nit:

—Papà, esteu segurs que aquest és el bon camí? —va dir el menut.

—Tu no et preocupes que jo sempre trobo el camí —va dir son pare tot orgullós de sí mateix.

No va voler preguntar i van seguir caminant.

Després de mitja nit caminant es van trobar que havien de creuar per una gran cascada.

Van haver de recular.

Van dormir tot el matí i per la vesprada van decidir anar-se'n al bosc per un altre camí:

—Esteu   segurs que és aquest camí? —va preguntar el menut.

—Naturalment —va contestar son pare orgullós.

Després de tota la vesprada caminant se'ls va fer de nit i van haver de dormir en un toll d'aigua.

L'endemà es van donar compte que havien estat pegant voltes i van tornar.

Van decidir anar-se'n de matí per tindre més temps per al viatge.

Van estar tot el dia caminant i no van aconseguir eixir de les praderies. Van tornar.

Son pare insistia que sabia el camí. Cada vegada estaven més perduts.

Van decidir llogar una barca taxi que els portara directament. Els feia vergonya confessar que no coneixien el camí.

El viatge costava 2000 € però només en tenien 900€.

"Creeu que es van atrevir a preguntar o no?"

Avorrits de no trobar el camí, van decidir escriure una carta als cosins del bosc dient-los que no hi anirien perquè la barca taxi era molt cara.

—Per què necessiteu un taxi? —van contestar els cosins—. Esteu només a mitja hora caminant rodejant la muntanya. Us enviem un pla.

Van fer el camí que els van aconsellar els cosins, van arribar al bosc i des d'aleshores viuen feliços al bosc.

Van aprendre la lliçó: "Quan *no saben una cosa, deixen l'orgull a banda i ho pregunten a gent amb més experiència que sap més que ells"*.

27. UNA PEL·LÍCULA DE TAURONS

Consell didàctic: Contes com aquest ens poden servir per superar algunes pors com els taurons, l'obscuritat, en el cas d'educació infantil. Si contem aquest conte en segon i tercer cicle podem discutir si emportar-se el xiquet enmig d'una pel·lícula ha sigut el millor per al xiquet. Si no haguera sigut millor quedar-se a veure-la i anar explicant-li les coses tal i com anaven eixint. A vegades, amagar les coses fa més mal que bé.

Una vegada el papà, la mamà i el xiquet van entrar a veure una pel·lícula de balenes.

Es van equivocar en traure les entrades i van parar a la sala on feien una de taurons.

En veure les enormes dents dels taurons assassins que mossegaven la gent i destrossaven edificis. El papà i la mamà van agafar el xiquet i se'n van anar.

—Per què ens n'anem si la pel·lícula no s'ha acabat? —va preguntar el xiquet.

—Esta pel·lícula no és apta per a xiquets —va contestar la mamà.

—És massa violenta —va dir el papà.

—No passa res —deia el xiquet—. Està molt interessant.

El xiquet se'n va anar plorant perquè li havien deixat la pel·lícula a mitges.

De camí a casa, la mare li va explicar que no existien els taurons tant grans, que això eren efectes especials de les pel·lícules. El xiquet va fer moltes preguntes sobre taurons.

En arribar a casa la mare ho va buscar a internet i a una enciclopèdia sobre animals marítims.

Per al pròxim cap de setmana el papà i la mamà van quedar amb uns amics, Rubén i els seus pares, per anar a un aquari.

Allí van veure: taurons, sèpies o calamars. "Què més?" (els xiquets i xiquetes intervenen dient noms de peixos). Un guia els ho va explicar tot sobre taurons.

Entre el que van llegir a l'enciclopèdia, el que els va explicar el guia i Internet, el xiquet va conèixer com eren els taurons de veritat, sense efectes especials. Va ser un cap de setmana fantàstic i molt profitós.

28. QUI S'HA MENJAT EL MEU ENTREPÀ?

<u>Consells didàctics:</u> Les mascotes, el amor pels animals i no deixar les mascotes abandonades quan es fan grans i molesten és un debat de classe. S'ha de buscar una solució al problema. Prendre decisions responsables davant situacions com aquesta i que sempre no són les més fàcils. Són moltes de les coses que ens agradaria transmetre i que dir-les i repetir-les no és suficient. Potser si aconseguim que els / les alumnes s'involucren en la història i prenguen decisions sobre ella, la cosa canvia.

Podem fer que diferents alumnes prenguen decisions sobre els gatets abandonats i acaben el conte amb les conseqüències de les seves accions.

Hi havia una vegada una casa on passaven coses estranyes per la nit.

Al papà li havia desaparegut l'entrepà que s'havia deixat preparat per anar a treballar.

A la mamà li havien trencat el gerro de les flors. Ningú en sabia res.

—Qui s'ha menjat el meu entrepà? —va dir el papà.

—Jo no he sigut —contestà el xiquet.

—Nosaltres tampoc! —van contestar els iaios.

—Jo no! —va dir la mamà—, i, a més, m'han trencat el gerro de les flors! Qui haja sigut, el pillaré!

Una nit que no tenia son, el xiquet es va quedar vigilant.

Estava al aguait a veure si escoltava algun soroll. Es va amagar a un raconet de la despensa a veure què passava.

Va escoltar un soroll. Va traure el cap i va veure un gatet que havia entrat per la finestra i havia trencat una planteta de la mamà.

En aquell moment s'estava emportant el sandvitx del papà. No li va dir res. El va seguir.

"On se n'anava el gatet?" (intervenció dels / les alumnes).

El gatet va eixir a la terrassa i es va amagar darrere d'un gerro gran.

El xiquet va pensar que era un gatet amb fam al qual havien abandonat i que robava menjar per les cases.

Ja se n'anava a tancar la finestra per gitar-se a dormir quan va escoltar unes veus de gatets bebès:

—Meu! Meu!

Va eixir a la terrassa i va veure el niu.

Donava gust com estaven els bebès gaudint del sandvitx del papà. Els bebès eren grans i la gata no tenia prou llet per a tots.

L'endemà tota la família es va assabentar de la notícia i van anar a veure el niu.

Eren una estampa de tendresa. "Què penseu que van fer amb la mare i els gatets?"

Van decidir que cada nit els deixarien menjar a la terrassa: un plat de pinso per a la mare, un altre per als menuts, un plat amb aigua i una safa amb terra per les seves necessitats.

També van decidir adoptar-ne un i a la resta, buscar-los una família per Internet perquè tots tingueren una llar.

29. LA BALENA

   Consells didàctics: El diàleg entre pares i fills, la necessitat que pare i mare participen en l'educació dels fills i filles són temes que mai estan de més tractar. Aquest tipus de contes fantàstics donen peu a desenvolupar la imaginació i al mateix temps treballar valors.

Una vegada un papà portava la seva filleta al cinema a veure una pel·lícula de balenes.

Pel camí es va posar a ploure torrencialment i es van haver de refugiar a un edifici enorme que hi havia amb la porta oberta.

Dins de l'edifici hi havia una bassa enorme amb molta aigua. Dins de l'aigua, peixos de colors i ànecs.

La xiqueta va trobar una llanxa i va entrar dins de l'aigua.

Va arrancar el motor i se'n va anar a gran velocitat. Son pare la cridava:

—Mariaaa!

—Papàaa!

—Espera, que vaig a per tu! —cridava el papà.

Papà va buscar un vaixell o una llanxa, no hi havia cap. Va trobar una balena.

—Em pots portar a buscar la meva filla? —li va preguntar papà.

—Crec que sí —va contestar la xicoteta balena—. Espera que li demano permís a ma mare.

La xicoteta balena es va cabussar baix l'aigua i al cap d'un moment va eixir.

—Anem.

La balena va ajudar al papà a trobar la seva filla Maria i els va portar a tots dos fins a un vaixell gran.

Només hi havia un problema. "Quin problema penseu que tenien?" (intervenció dels xiquets i xiquetes).

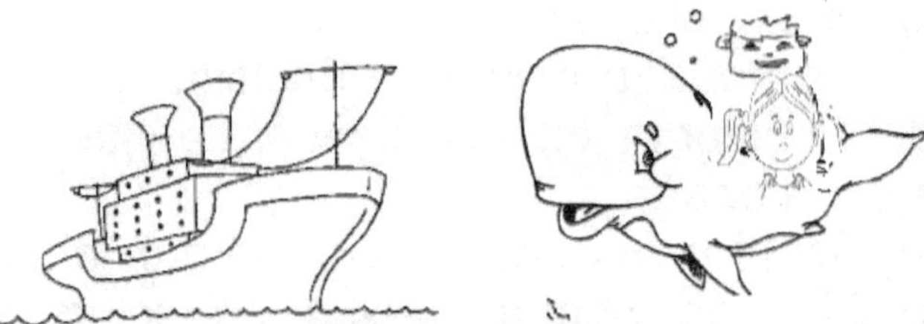

—No anem cap a Espanya —va dir el capità del vaixell— Anem a les Amèriques i tardarem dos mesos a tornar a Espanya.

—Això és molt de temps —va dir el papà— Què farem? La mamà es preocuparà si no tornem a dormir esta nit.

"Quina solució penseu que van trobar?" (intervenció dels xiquets i xiquetes).

En això que la balena va traure el cap per damunt l'aigua:

—Me'n vaig cap a casa —va dir la balena—.Voleu vindre?

—Síiiiiiiii ! —van contestar tots dos a una.

Maria i el seu papà van pujar al llom de la balena i es va portar fins a l'edifici on havien embarcat la primera vegada.

Van baixar, li van donar les gràcies i van eixir fora de la bassa d'aigua.

Van eixir al carrer. Ja no plovia.

Quan van, per fi, arribar al cinema, la pel·lícula ja s'havia acabat però a Maria no li va importar gens: *"No passa res si ens em perdut la pel·lícula. El viatge ha sigut d'allò més divertit"*, pensava Maria quan va notar unes palmades i unes veus:

—Desperta, Maria. S'ha acabat ja la pel·lícula —li deia el papà que estava assegut al seu costat en un seient del cinema—. Has estat dormint tota la pel·lícula.

—No importa —va contestar Maria—. He tingut un somni.

30. LA GALLINA QUE PONIA OUS MENUTS

   <u>Consells didàctics</u>: Obrir el debat al final del conte és una bona tècnica per a segon i tercer cicles. Com que no sabem quan ens vindrà la sort ni a qui, no ens em de burlar mai de ningú. Podem parlar també de les colles, de no deixar-se dominar pels més forts, de fer-se valer per les coses bones que ú fa, pensar per sí mateix i no per les que li manen. Encara així, a aquestes edats hi ha coses que no volen contar-nos i les hem de respectar.

Fa molts anys en un corral xicotet hi havia una colla de gallines. Entre elles hi havia una que no creixia. Totes s'havien fet grans i ella s'havia quedat xicoteta. Si menjava més, engreixava però no creixia. Quan van tindre edat de pondre ous a totes els eixien grans però a ella li eixien xicotets.
   Les altres gallines se li burlaven i no la volien a la colla.

—Eres una vergonya per a la colla de gallines. Amb eixos ous tant raquítics qualsevol dia el vendran. O fas les coses normals o et busques una altra colla.

La gallina xicoteta plorava cada vegada que les de la colla la rebutjaven.

Un dia la llum del sol va brillar més fort. La seva raó tenia ja que l'amo havia decidit fer construir una granja més còmoda.

Les gallines grans esperaven ser les noves inquilines:

—Viurem com a reines en un hotel i tu et quedaràs ací—li deien a la gallina xicoteta.

L'amo va entrar somrient i, amb la sorpresa de totes es va dirigir a la xicoteta i la va agarrar en braços:

—Enhorabona bonica —li va dir—. Resulta que eres una Leghorn tipus Americana. Els teus ous són els més cars que he pogut vendre mai. Seràs la gallina dels ous de Pasqua. Ara te n'aniràs a viure a la granja nova amb totes les comoditats i amb una quadrilla de la teua mida.

Les gallines grans i burlaneres es van quedar al corral vell i incòmode amb un pam de nassos.

Mentrestant, la xicoteta se'n va anar educadament, sense fer cap comentari ni burlar-se, a la granja nova a viure com una reina.

A les altres no els van quedar ganes de burlar-se mai més de ningú.

"Què penseu que hem de fer quan algú està trist o té un problema?" (preguntem als / les alumnes).

"Deixar-lo?"

"N'estàs segur?"

"Intentar ajudar-li?"

"Jo també penso això".

31. QUI M'ACOMPANYARÀ A PORTAR LA CARTA?

<u>Consells didàctics:</u> Amb contes com aquest ens podem aprofitar de l'amor i admiració que senten els xiquets i xiquetes pels animals i introduir-los valors com la necessitat de fer esport, de jugar entre ells a jocs tradicionals i deixar a banda la tele, les consoles i els aparells electrònics que són la causa que alguns xiquets es tornen despistats i despistades, deixen d'estudiar i fer les tasques escolars o es passen el dia plens d'ansietat i menjant. Un altre valor que hem d'aprofitar per introduir és la necessitat de repartir les tasques de casa entre tots, xiquets i xiquetes inclosos. Cada dia, abans d'anar-nos a jugar, hem de fer els deures, estudiar si hi ha control i fer la part de les tasques de casa que ens toca.

Hi havia una vegada un lleó que els va escriure una carta als seus cosins que vivien a l'altra punta de l'Àfrica.

Com a ell li resultava tant pesat caminar li va demanar un favor a la xicoteta estruç:

—Te la portaré d'ací una hora —va dir l'estruç—. Ara estic covant ous. Quan vinga la mare de treballar, ella s'ocuparà dels ous i jo podré anar i portar-te-la en un moment.

L' estruç col·laborava en les tasques familiars: tots els dies ordenava la seva habitació, rentava els plats, parava taula, feia els deures d'escola i vigilava els germans menuts mentre sa mare i son pare estaven treballant.

Encara així li donava temps per jugar i per fer algun favor a veïns necessitats com el lleó.

Quan la mamà de l'estruç va arribar a casa, com que la xicoteta estruç ja havia (ací els / les alumnes amb intervencions individuals diuen tot el que havia de tindre fet la xicoteta estruç per poder anar-se'n a jugar) fet els deures i havia estudiat per als controls de l'escola, se'n va poder anar.

Va agarrar la carta i va moure camí. Es va trobar amb el búfal:

—Vaig a portar-li una carta al senyor lleó. Vols vindre? —va dir l'estruç.

—Pensava jugar a la consola tota la vesprada —va dir el búfal—. Però, vinga, vaig.

Van començar a córrer pel camp, a perseguir-se i altres jocs que s'anaven inventant.

—Què divertit! —va cridar el búfal.

—A què jugueu? Va dir una gasela que venia de classe de ballet i se n'anava a mirar la televisió fins l'hora de sopar.

—Anem a portar-li una carta al lleó —va dir el búfal—. Estem fent esport i un munt de jocs que ens hem inventat. Vine!

—Val, vaig! —va contestar la gasela—. Ara li cridaré al mòbil a ma mare per a dir-li-ho.

La seva alegria era contagiosa. Prompte se'ls va ajuntar un elefantet, que es passava el dia a l'ordinador i sa mare l'havia posat a règim perquè tenia molt de sobrepès.

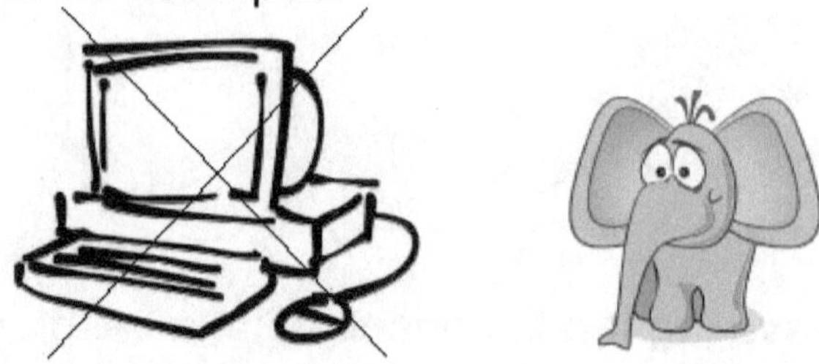

—Vine-te'n a jugar al carrer —li van dir—. Faràs molt d'exercici i t'oblidaràs de menjar.

Pel camí se'ls van ajuntar un porc senglar, un lèmur i un suricat (ací preguntem als / les alumnes animals de la selva i els posem al conte).

El viatge de portar la carta va ser tant ràpid jugant que, en lloc de ser una obligació, va ser un plaer.

Al dia següent van quedar per anar a buscar la resposta a la carta. I a l'altre, només van quedar per jugar.

Si no podrien jugar al carrer, se n'anirien al poliesportiu.

Si no, ja trobarien un lloc. Però les consoles, l'ordinador, la tele i la resta d'aparells podien esperar.

Ells se n'anaven a jugar i a córrer on fóra.

32. JIMMY VOLIA LLONGANISSA I EL XIQUET DOLÇOS DE COLORS

Consells didàctics: Els xiquets i xiquetes han de saber que les coses s'han de demanar i esperar el permís i que no es pot agarrar i menjar-se tot el que a ú li apeteix sinó hi ha males conseqüències. Són experiències que es poden viure a través dels contes. Anem a intentar-ho!

Hi havia una vegada un xiquet que li van regalar un cadell de gat.

Era blanc amb taques taronja i només mirar-lo als ulls, el xiquet va dir:

—Tu seràs Jimmy.

El xiquet i el gatet creixien junts i també feien pilleries junts.

Un dia que la mare no hi estava, va anar un amic i, entre els dos van pensar en dutxar Jimmy.

Van omplir una banyera plena d'aigua, li van posar les sals de la mamà, un poc de sabó del papà i unes gotes de colònia del xiquet. Només faltava entrar Jimmy.

Es van trobar amb un problema: Jimmy tenia pànic de l'aigua i no volia hi entrar. A mig banyar, va saltar, va escalar per la tovallola i va fugir.

El van acaçar per tota la casa. Només van aconseguir atrapar-lo tirant-li la tovallola damunt.

El van llançar a la banyera embolicat en la tovallola. Jimmy va eixir fet una sopa i, en veure que no podia escapar de l'aigua, va usar la força i els va aranyar.

Aquesta vegada no podia escalar la tovallola ni córrer, relliscava pel piso i se la pegava contra els mobles.

Als xiquets els va fer gràcia:

—Gat vaaa!

—Patinatge artístic! On està?

—Meeeeeu! —cridava Jimmy ple de pànic.

Quan la mare va arribar i va veure la malifeta que havien fet els va castigar. El gat, a la terrassa, el xiquet a la seva habitació i l'amic a sa casa, li ho va dir a sa mare.

—Al gat no fa falta banyar-lo —va dir la mare—. Amb la colònia té prou.

Cada vegada que els alçaven el càstig, en feien una altra.

A Jimmy li encantaven les llonganisses i cada vegada que la mare en guisava, se li encenien uns ulls com llanternes.

El xiquet es tornava boig pels dolços de colors. No en podien haver dins de casa perquè si no el xiquet els trobava i se'ls menjava sense permís.

Un dia era l'aniversari del xiquet. El pare, la mare i els amics havien decidit fer-li una festa sorpresa amb entrepans de llonganisses, beguda i, de postres, un pastís amb dolços de colors per damunt.

Quan el pare va anar a torrar les llonganisses, aquestes havien desaparegut. Va haver de fer els entrepans d'enciam.

Després, quan la mare va intentar posar els dolços de colors damunt del pastís i aquestos també havien desaparegut. Es van quedar sense dolços de colors.

Va arribar el berenar. Tots els amics estaven a la taula.

—Entrepans d'enciam? On estan les llonganisses que vam comprar? —va preguntar un amic.

—Pregunteu-li a Jimmy. El gat menjallonganisses —va dir el pare.

—Ja pots córrer, Jimmy!

Els xiquets el van acaçar per tota la casa i el gat es va haver d'amagar al terrat d'una veïna i no va poder tornar a casa en tres dies.

Després li va tocar el torn al pastís.

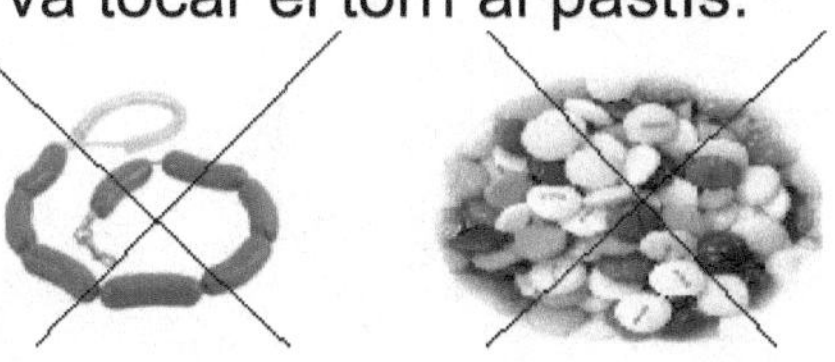

—On estan els dolços de colors? —van preguntar els amics.

Tots es van quedar mirant el xiquet:

—Golut, més que golut. Ni el dia del teu aniversari et pots aguantar?

—Oh no! Jo no ho sabia.

—Te'n recordaràs!

Els amics se'n van anar enfadats i es van tirar una setmana sense parlar-li.

Aquesta vegada el pare i la mare no van castigar ni el xiquet ni el gat. Ja havien tingut prou escarment. Ja sabien el que passava per agarrar les coses sense permís.

Van tardar un temps en guanyar-se la confiança dels papàs i dels amics. I, sobretot, mai més van agarrar coses sense permís.

Com recompensa, cada diumenge la mare li donava una llonganissa a Jimmy i un paquet de dolços de colors al xiquet.

33. SERÀ LA VARICEL·LA?

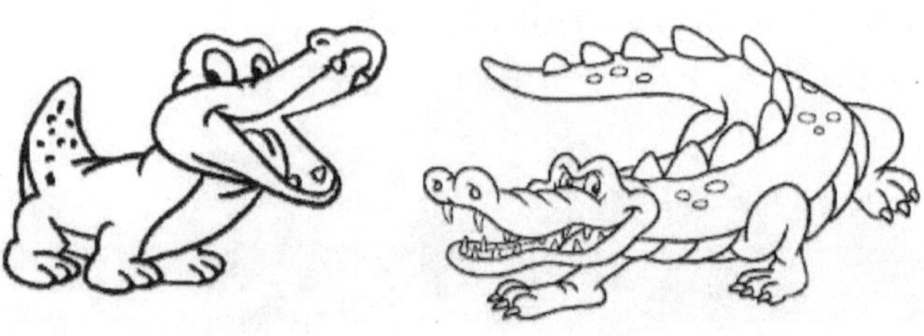

    <u>Consells didàctics:</u> Mentalitzar xiquets, xiquetes, pares i mares que no són metges i que les medecines que li han manat a ú no serveixen per a un altre i, que si no s'acudeix a punt, les coses costen molt més de curar. En cursos més grans podem obrir el debat sobre l'automedicació o a crear els seus propis contes.

Hi havia una classe amb sis alumnes malalts de varicel·la.

    Totes les mamàs tenien por que els seus fillets i filletes també agarrarien la malaltia.

    El xicotet cocodril estava segut al sol i, de sobte, li picava la cua. Es va rascar sense mirar. Quasi es va fer sang. Li seguia picant. Va seguir-se rascant.

    L' endemà tenia tota la cua plena de granets.

    —Ja tenim la varicel·la ací —va dir la mamà.

    Com que no tenia febre, li va donar el mateix calmant que li havien fet al xiquet de la veïna i el va fer gitar al llit a esperar que se li passara.

    Li va prohibir rascar-se però, com li picava, el cocodril es seguia rascant.

    Quan la mare va veure que ho tenia tot en sang, va cridar el metge.

—Pot atendre'ns, doctor? —va dir la mare—. El meu fill té la varicel·la.

—No és la varicel·la —va dir el metge—. Per què no l'ha portat abans a consulta?

—Pensava que tenia la varicel·la. Tota la classe en té —va dir la mare.

"Què penseu que li passava al xiquet?" "Va fer bé la mare diagnosticant ella mateixa el que tenia el xiquet?" (pluja d'idees per part dels xiquets i xiquetes).

—Si hagués anat a consulta només detectar el problema, amb una pomadeta s'hauria curat. Ara la infecció de la pell s'ha estès i haurà d'anar a un especialista i estar en tractament durant mesos.

El xiquet i la mamà van fer tot el que els metges van dir, li van posar una pomadeta que li evitava el picor i un tractament que li va manar un especialista.

Quan es va donar compte, els granets havien desaparegut.

34. TITETA TAMBÉ ÉS DE LA FAMÍLIA

<u>Consells didàctics</u>: Als nostres menuts i menudes els encanten els animals. Els pares i mares ens esforcem en aconseguir-los, en la mesura de les nostres possibilitats, una mascota que compartisca aquestos moments d'innocència i tendresa que només es tenen una vegada en la vida.

Avui jugarem a inventar-nos contes sobre les nostres mascotes. Podem començar amb esta història. També es pot usar el conte per als aniversaris.

A papà no li agradaven els animals de pèl perquè embrutaven la casa.

La mamà volia que el xicotet Miguel tinguera mascotes perquè sabia que li feien molta il·lusió.

Com a últim recurs van comprar una parella de periquitos, Tito i Tita. La mamà i el fillet van intentar ensenyar-los a parlar i que participaren de la vida familiar.

L'únic que van aconseguir va ser que van formar una família entre ells, que es van passar els seus dies donant-se besets, van pondre molts ous, van mirar la tele, van menjar pizza i els van unflar les mans a picades quan van intentar traure-los de la gàbia per acariciar-los.

En resum, va ser un fracàs total; els animals anaven a la seva.

—No esperes que un periquito es deixe acariciar com un gos! —deia papà que no volia animals a casa.

—Jo vull un gos! —demanava Miguel.

—Noooooooo!

Mesos després Tita morir. Tito estava trist.

Moguts per la necessitat van decidir comprar-li una altra Tita II i com que era l'aniversari de Miguel li la van regalar.

—Vaja poca substància de regal! Jo volia un gos.

—Noooooooo!

Van anar a posar-la a la gàbia i Tito ja no hi estava. S'havia escapat pel balcó.

—Què fem ara amb aquest animal? —va dir la mamà.

—El que vulgues. Ja saps que no pots esperar res d'ella —va dir el fillet.

—Espereu! Tinc una idea —va dir el papà, el que no li agradaven els animals.

La va agarrar amb les mans i, amb la sorpresa de tots, Tita II es va deixar.

La va soltar pel menjador. El va recórrer tot volant. Tenia unes plomes precioses.

Finalment, a Tita li va agarrar vergonya i es va amagar darrere d'una cortina.

—És molt bonica! —va dir la mamà.

—Titetaaa! —va cridar Miguel.

—Només és un bebè! —va dir papà.

Quan Titeta va tornar a la gàbia tenia la poteta trencada.

La van portar al veterinari, la van cuidar, li van donar molletes a la boca i vitamines.

En un mes Titeta es va convertir en el bebè de casa. Es deixava agarrar, no picava i feia jocs amb

Miguel que la perseguia per tota la casa i pel garatge.

El papà i la mamà també estimaven Titeta i la portaven damunt del muscle quasi tot el temps.

Titeta només anava a la gàbia per menjar i per fer les seves necessitats.

En les pròximes festes i aniversaris Titeta també hi participava, anava de muscle en muscle i tot el món li donava alguna cosa.

A Titeta li encantava eixir al jardí al muscle de mamà, mai se li va ocórrer fugir.

Un dia la mamà i el fillet se la van emportar damunt del muscle en cotxe a ca la iaia.

—Quin animal més bonic! —deia la iaia mentre la passejava per la casa—. Veus, ací viu la iaia.

La visita va ser un èxit. Els iaios van quedar-se meravellats amb Titeta.

Finalment, quan estaven pujant al cotxe, el xiquet estava tant content que va posar la música forta.

Titeta, que no havia sentit tant de soroll abans, es va esglaiar i va volar. Va volar lluny i va desaparèixer del xiquet i de la mamà.

—Què has fet? —va cridar la mamà.

—Jo no ho sabia! —va dir Miguel entre llàgrimes.

Durant uns minuts tots dos van quedar-se immòbils intentant mentalment tornar el temps arrere. Però, tot seguia igual. Titeta havia desaparegut voltant.

Miguel i la mamà es van abraçar i van esclatar a plorar. La iaia els va dir el que havien de fer.

—A què esteu esperant? Aneu a buscar-la!

Miguel i la mamà se'n van anar corrents en la direcció que se n'havia anat Titeta.

Un quilòmetre més enllà, la van trobar enganxada al parabrisa d'un cotxe, esperant-los i tremolant de por.

Mamà la va cridar i Titeta va volar-li al muscle. Tots tres es van besar i se'n van anar a casa.

Titeta, l'animalet de la qual ningú esperava res, s'havia convertit, gràcies a la seva bondat i al seu esforç, en un membre més de la família.

Tots tenien clar que, voluntàriament, mai se n'aniria però el seu cervell era molt xicotet i, si la soltaven a cel obert, podria perdre's i no saber tornar.

Miguel va aprendre amb aquesta experiència que no podem prejutjar ningú sense conèixer-lo, que no hi ha dos éssers vius iguals, que tots mereixem l'oportunitat de treballar per aconseguir les coses però tots /totes tenim unes limitacions que hem de tenir en compte.

35. EL PERIQUITO ROQUER

<u>Consells didàctics</u>: Fer els nostres somnis realitat és un tema que es pot usar en qualsevol edat. Si ens centrem en els somnis el podem usar en segon i tercer cicles de Primària en ocasions especials com Nadal, Cap d'any, Reis, aniversaris. Es el tipus de contes que arriben al cor de la gent donat que tots tenim somnis.

Què passaria si avui els nostres somnis es feren realitat? Això dóna peu a moltes històries més. Si l'usem amb infantil podem treballar el tema del "mitjans de transport".

En una casa molt gran vivien un humà molt ric anomenat David i el seu periquito Eth.

A pesar de les comoditats, Eth somiava ser un roquer, un autèntic roquer.

Durant molt de temps Eth va pensar que no podria aconseguir-ho perquè no tenia ni grup ni bateria i, a més, era molt xicotet i els instruments eren molt grans.

Un dia Eth es va cansar de no fer res i va decidir escapar-se de casa per fer els seus somnis realitat.

Podia volar, però no se sabia el camí. Així que va haver de preguntar i d'usar diferents mitjans de transport: autobús, tren, cotxe, taxi, bici o caminant.

Sorprenentment Eth es va trobar pel camí amb molts periquitos com ell que també volien ser roquers. El seu somni, a la fi, no era tant estrany.

Van trobar una escola de música rock per preparar-se. Però, d'on traurien els instruments?

Es van colar en una orquestra. Els instruments eren tant grans que ni tan sols entre tots en podien moure un, ni molt menys fer-lo sonar. Ho van intentar però allò era impossible.

Eth va tornar a casa desil·lusionat. David, que l'havia estat buscant i esperant, es va posar molt content, però Eth estava trist.

Un dia Eth es va sorprendre a sí mateix picant rítmicament un tauló de fusta, va crear una melodia molt rítmica, després una altra i una altra més. David ho va escoltar, Eth tenia talent! David el va portar a l'escola de rock i li va manar construir instruments de la seva mida.

Encara no ho tenia tot! Eth se'n va anar volant a cridar els altres periquitos roquers, els necessitava per a formar un grup de rock.

David els va aconseguir instruments per a tots. Van ser el primer grup de rock de la història.

Van tenir molt d'èxit. Qui havia dit que els somnis no s'acompleixen?

36. L'ARMARI DE LA MAMÀ

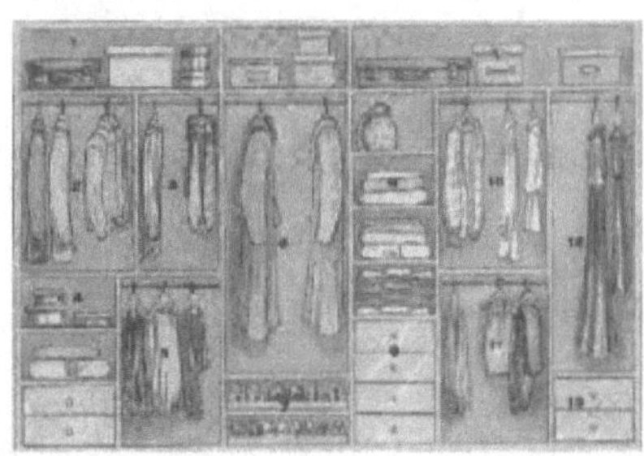 

Consells didàctics: El primer en alçar la mà diu: *"Ma mare fa igual"*. El segon: *"Ma mare em va comprar estos pantalons"*. Podríem estar una hora sencera parlant de la societat consumista que ens envolta però, si volem introduir valors, hem de tallar i orientar-los cap on nosaltres volem. *"Què és més important per a la mamà, l'armari o la família?"*. Nou ens diran que l'armari però el que fa deu, reflexionarà un poquet i contestarà que *"la família és més important que les coses"*. *"N'estàs segur?" "Per què?"*, preguntarà el mestre/a. *"Perquè l'estimen"* contestarà l'alumne.

L'aprenentatge per descobriment és molt efectiu. Una vegada donat aquest pas, ja podem deixar que es posen creatius i li busquen un altre final al conte.

L'armari i la mamà es volien molt. Allí la mamà guardava preciosos vestits, pantalons, jerseis, mocadors, faldes, camisetes, sabates i jaquetes. cada dia en obrir l'armari:

—Bon dia, guapíssima! —li deia l'armari.

—Bon dia, estimat —li contestava ella—. Què ens posarem avui?

—Vegem —deia l'armari—. Com et sents avui?

La mamà es mirava a l'espill, tancava els ulls i, de sobte, li venia al cap la roba que li abellia posar-se aquell dia.

Així transcorrien dies meravellosos de felicitat entre la mamà i l'armari.

El papà i el fillet tenien cels:

—Parles més temps amb l'armari que amb nosaltres —deia el papà—. Pareix que estigueu casats l'armari i tu. Què no estarà bé de mirar-te a l'espill?

La mamà es comprava molta roba, l'armari s'omplia. Un dia, com que tenia massa roba l'armari va bolcar i es va partir pel mig. La mare va esclafir en un plor:

—Què faré? Ha desaparegut la màgia i la meva il·lusió! Ja res serà com era!

En principi, el papà i el fillet es van alegrar. Però, a la llarga, no.

Mamà seguia trista, sense il·lusió per arreglar-se cada matí.

Van decidir donar-li una sorpresa per animar-la. "Què li podrien fer?" (intervenció dels alumnes).

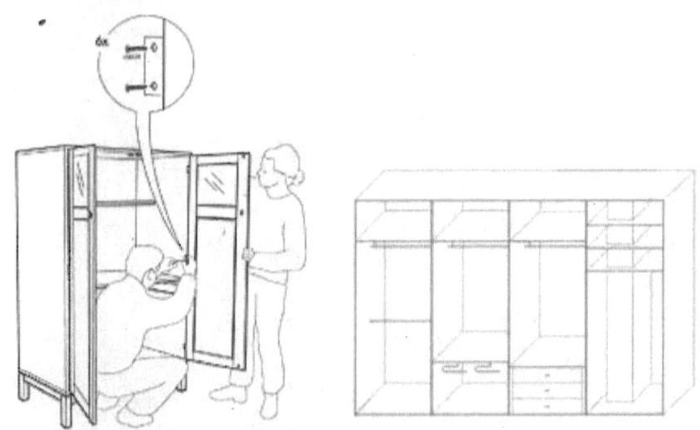

—Sorpresa! —van cridar el papà i el fillet en creuar la porta de casa—. Tanca els ulls i vine a l'habitació… Ja pots obrir els ulls!

—No pot ser! – va dir la mamà en obrir la porta i veure el seu antic armari reparat amb tota la roba dins!

—S'heu gastat més en reparar-lo que ens haguera costat un de nou més gran!

—La teva il·lusió i felicitat val més que tots els armaris del món —va dir el papà—. Li hem fet afegir un suplement perquè tingues més espai.

Abans de mirar-se a l'espill, la mamà va somriure al papà i al fillet i els va abraçar.

Des d'aquell dia, en alçar-se del llit, el primer somriure de la mamà sempre va ser per a la família i no va tornar a parlar-li més a l'espill de l'armari.

37. EL POLLET ROSA

Consells didàctics: El respecte a l'esser humà com a persona siguen les que siguen les seves característiques individuals costa molt d'introduir. És possible que aparega el tema dels "gais" i les "lesbianes". Són temes que no hem de presentar com a tabús sinó explicar-los amb naturalitat. Sempre partint del respecte a la persona siga el que siga el seu aspecte.

Quan parlem d'aquestos temes és important mirar l'expressió dels / les alumnes i no donar massa detalls si nó són necessaris. També és important conèixer les situacions personals per tal de no ferir els sentiments de ningú.

En un país on el blau era el color dels xics i el rosa el de les xiques tot funcionava convencionalment fins que un dia va nàixer un pollet rosa.

Esperaven una xiqueta i els va eixir un xiquet:

—Què farem? —va dir la mare angoixada.

—Açò no pot ser! Açò és indignant...

—cridava el pare sense parar—. El rosa és el color de les xiques.

—I què?

—No, no, no! Inacceptable!

Va passar el temps i van continuar les males cares fins que va arribar una llocada de pollets estrangers.

Eren tant diferents! Les xiques eren de color groc i els xics de color rosa. Per fi el pollet rosa havia trobat gent com ell que el van acceptar gustosos.

Les males cares es van acabar i les llocades de pollets es van mesclar.

Els pollets de totes les llocades eren amics i jugaven junts, sense importar el color i, després de molt de temps ja no se'n recordaria ningú de la bovada del color dels xics i del color de les xiques.

38. MAMÀ, VULL UN BOU DE VERITAT!

<u>Consell didàctic:</u> A partir d'aquest conte podem obrir el debat sobre "bous sí o bous" no que està d'actualitat en alguns pobles. Podem parlar de no maltractar els animals, del negoci que representa, de la necessitat de les persones d'esbargir-se i, de desconnectar de la rutina. En aquest cas és millor que el mestre / mestra es mantingue neutral en la seva opinió.

Una vegada a les festes del poble els xiquets jugaven a bous tot el dia. Un xiquet es passava el dia demanant-li a sa mare un bou.

Van anar a la fira i la mare li'n va comprar un de plàstic. El bou estava folrat d'una tela que pareixia pèl.

A casa es passava el dia jugant amb el bou. Quan eixia al carrer jugava amb els altres xiquets a bous.

A la plaça ja estaven els cadafals fets i per fi van fer el primer dia de bous.

Es van posar pantalons curt i camiseta de festes i van pujar al cadafal que feien amb els amics de colla dels papàs.

Va ser una vesprada llarga. El bou no parava de pegar voltes per la plaça i els altres xiquets i xiquetes del cadafal eren massa grans per jugar amb ell.

Ell estava a un racó jugant sol amb el bou de plàstic.

A l'hora de berenar, el xiquet li va dir a sa mare el que ja portava una setmana repetint.

—Vull un bou de veritat!

Sa mare que estava avorrida d'estar tota la vesprada seguda al cadafal sense moure's li va dir que sí:

—Anem a veure-los al corral.

Es van arrimar a la barrera que envoltava el corral per tal de veure els bous més de prop.

—Quin t'agrada més? —va preguntar la mare.

—El més gran i més negre —va contestar el xiquet amb orgull.

—Es a dir, el bou —li va explicar la mare—. Els altres més menuts són vaques i no tenen tanta força. En canvi el més gran és el bou, pesa més i té més força. És el que han tret al final abans del descans.

—Ah sí, ja me'n recordo —va dir el xiquet distret—. Jo vull aqueix. Mamà compra'm aqueix! Compra!, compra!, compra!

De sobte, uns xiquets grans van fer molt de soroll al costat i el bou negre va fer *"Uuuuu!"*, i es va llançar amb tota la seva força contra la barrera on estaven el xiquet i la mamà.

Li va pegar un colp molt fort. Totes les barreres del corral de bous es van moure.

La gent es va esglaiar. El xiquet i la mamà fan fugir corrents al cadafal.

Per sort no va passar res donat que les barreres eren segures. Però el xiquet ja no va demanar més un bou de veritat.

—Ja t'has decidit quin bou et triaràs? —li van dir els altres del cadafal.

—Em quedaré amb el de plàstic —va dir el xiquet—. Els altres són bèsties sense control.

—Tens tota la raó, fill meu! —va dir una dona major que seia al cadafal al costat de la mamà.

—Açò dels bous és una salvatjada! —va dir un home.

—Sí, però si no anem als bous i a la orquestra, què fem a festes?

—No tinc ni idea!

"Què opineu vosaltres?"

39. EL DILOPHO VEGETARIÀ

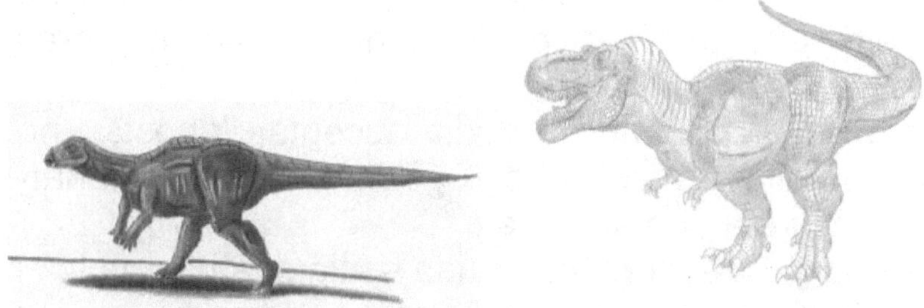

Consell didàctic: Contes com aquest ens ajudaran a respectar les opcions de gent que pensa diferent a nosaltres i faran que tots i totes tinguem una mentalitat més oberta. Ajudaran als nostres adolescents a no deixar-se dominar i a pensar pel seu compte. Mentalitzar-nos que fer el que toca no és ser un covard i, si no vols acceptar una aposta, no tens per què.

Hi havia una vegada un dilophosaurus que va prendre la decisió de fer-se vegetarià perquè li donava pena que els seus familiars i germans hagueren de matar per menjar.

La seva família no va entendre la seva opció i va tenir problemes des de xicotet quan es negava a menjar la carn que li donaven i es menjava l'herba que hi havia pels voltants.

Els altres dinosaures no respectaven la seva opció i se li burlaven cada vegada que el veien menjar herba.

La seva família, avergonyida, volia fer-lo carnívor i llevar-li la "mania" de menjar herba.

—Farem una aposta —li va dir el seu germà gran—. Farem una carrera de pegar una volta a l'illa i, el que guanye manarà. Si guanyes tu podràs seguir sent herbívor; però, si guanyo jo, tu seràs carnívor.

Com que Dilopho no podia acceptar l'aposta i no volia barallar-se amb el seu germà, va haver d'anar-se'n a viure a una altra illa.

En això que va hi haver una esclatada d'un volcà i tots els dilophosaures carnívors van morir.

Ell, com no hi estava, es va salvar. Quan va escoltar l'esclat, va tornar a veure si la seva família estaven bé.

No hi quedava res. Tot s'havia cremat. Després de molt de caminar es va trobar una dilopha ferida a la qual va curar i li va oferir herba per menjar.

Amb el temps, la dilopha es va fer herbívora, es van casar i tenir tres fills. "Com els van posar als fills?" (Intervenció dels / les alumnes, triomfen les idees més originals).

Al fill gran li van posar Centurió; al mitjà, Mitjanet; i al més menut, que era xica, li van posar Purpurina…

Durant unes dècades els dilophosaurus van ser herbívors. Per mala sort ja no ho hem pogut veure.

40. PEDALANT AL REVÉS

Consell didàctic: El tema de la bici sempre dona lloc a idees i comentaris. Qui no ha fet bovades amb la bici? Tots i totes tenen anècdotes que contar. Potser crearem un altre conte paral·lel a aquest. Hem d'aprofitar el conte per parlar de les normes de seguretat.

Hi havia una vegada un xiquet al qual li agradava pedalejar al revés quan baixava costera avall.

En eixir de casa sa mare l'avisava.

—Posa't el casc, ves amb compte si ixes a la carretera, no segues al manillar, no et plantes damunt del seient i, els teus peus han de tocar els pedals.

La mare el prevenia especialment sobre el perill de pedalejar al revés.

—No pedaleges al revés. Pot ser divertit però és massa perillós.

Miguel no comprenia per què, fins que un dia va passar el que va passar.

Com li agradava tant, quan baixava la costera pedalejava al revés per afluixar la velocitat, sense usar el fre.

Li agradava l'aire fresc sobre la seva cara... ¡Era fantàstic!

Una vegada mentre baixava la costera pedalejant al revés se li'n va eixir un pedal, va perdre el control de la bici i Miguel va caure.

Quan Miguel va arribar a casa plorava, tenia un bony al cap, estava ferit i la bici s'havia quedat trencada a terra.

Van anar al metge. Per sort no tenia res greu, però Miguel va tenir un gran bony al front durant una setmana acompanyat d'un enorme mal de cap.

Com a conseqüència d'allò la mamà sempre diu açò:

—Per favor, quan vages en bici, segueix les regles que per això estan.

És important. Miguel ho sap. "Ho saps tu?"

41. PUNK

Consells didàctics: L'obsessió per guanyar sempre i ser els millors en tot és bastant forta en primària. Si perden el partit a l'hora del pati els pot durar la fúria tot el dia. Amb contes com aquest els ajudarem a saber perdre o a ser una persona més i a sentir-se important com a tal sense necessitar grans extravagàncies.

Era una vegada un xiquet que sempre anava amb el pèl de punta i es feia cridar Punk.

Ell pensava que ningú se'n recordava del seu nom de veritat ni de com era ell abans.

Feia temps, un dia es va presentar a l'escola amb el pèl de punta i va anunciar açò: *"A partir d'ara seré Punk"*.

Tots van seguir el joc i ja feia dos anys que durava.

Tots els dies es feia el pèl de punta per mantenir el nom i així es sentia important fins a aquell dia que se li va acabar el fixador.

Es va alçar amb el pel embolicat.

—Mare, on està el fixador?

—Ho sento. No en quedava a la tenda —va dir la mare.

—Oh no!

Va intentar desembolicar-se el pèl amb espuma però no va ser suficient. Ho va intentar amb aigua, tampoc va ser suficient. No se li posava de punta.

Com que tant de matí no hi havia cap tenda oberta, va haver d'anar a l'escola amb el pèl embolicat, un pèl normalet.

"Ningú no em coneixerà", va pensar, "tot el món coneix a Punk, el xiquet important, amb el pèl de punta; però ningú no se'n recorda de Josep, el xiquet normalet".

"Què penseu?" "El van conèixer o no?"

Naturalment, els amics no només el van conèixer sinó que el van rebre amb gran alegria i amb els braços oberts.

—Per fi t'has llevat aquell pentinat tant horrible, Josep —li van dir només arribar.

—Si no us agradava, per què no m'ho heu dit abans?

—Per no ferir-te l'orgull! Et feia sentir-te tant important…

—Jo ho feia per vosaltres, tenia por que em rebutjaríeu si me'l llevava.

—A nosaltres ens dóna igual el pentinat que portes.

Així va ser com el va acabar el joc de "*Punk*" i va tornar a ser Josep per sempre perquè es va donar compte que per tenir amics i ser acceptat no feia falta cap extravagància.

Era suficient amb ser ell mateix.

42. LA GIRAFA QUE NO TENIA TAQUES

   Consell didàctic: *"Tots porten roba i esportives de marca i jo no".* Valoren el que no tenen, només tenen enveja de les coses dels altres. Volen el que veuen i, quan els ho compren, deixen d'apreciar-ho. Aquest és l'etern problema de la societat consumista en la qual vivim. La missió dels educadors i educadores és frenar açò i fer-los apreciar el valor de les coses. Com? Amb contes com aquest en el qual ells i elles prenen decisions importants en el desenvolupament dels fets poden ajudar a fer-los comprendre que portar roba i esportives de marca no és l'única opció. Hem de fer que tinguen iniciativa, que pensen pel seu compte, que no es conformen en fer el que fan tots.

Hi havia una vegada una girafa que estava molt però que molt disgustada perquè totes les seves companyes de classe tenien taques i ella no.

—No passa res, estimada —li deia sa mare.

—Tu eres guapa així.

—No, mamà, estic ridícula. Tot el món porta taques. Compra-me-les per favor!

—Tu saps que les taques adhesives són molt cares i que nosaltres tenim un salari molt baix.

—Per favor!

Quan la mare va veure a la jove girafa prou desesperada per unes taques, va acabar comprant-les.

El problema era que cada vegada que es banyava se li llevaven i hi s'havia de comprar-ne de noves cada dos o tres dies.

La mare es va queixar que allò era massa car. S'havia de buscar una altra solució. "Què penseu que poden fer?" (intervenció dels xiquets i xiquetes, pluja d'idees).

Van provar a pintar-les amb colors de fusta però li feien rascades a la pell.

Ho van intentar amb colors de cera però la pell absorbia la pintura i no li durava gens.

Finalment, es va pintar les taques amb pintura plàstica. No se li van despintar amb el bany però no parava de rascar-se de tant que li picaven.

Al cap de dues setmanes ja no li quedaven taques. "Què penseu que farà la girafa per solucionar el seu problema?" (pluja d'idees per part dels alumnes).

En això que va arribar al poble una nova família de girafes, el pare, la mare i dues cries i, a jova girafa li van parèixer precioses, elegants, extraordinàries i, el millor del millor. Va desitjar ser com elles.

Al cap d'uns dies d'admirar-les es va donar compte que cap d'elles tenia taques.

Aleshores la jove girafa es va mirar a l'espill: estava guapíssima tal i com era.

Mai més es pintaria taques. No li feien falta.

43. LA CABRETA MÀGICA

<u>Consells didàctics:</u> Els xiquets i xiquetes tenen obsessions per coses que en aqueix moment són molt importants per a ells però que quan les tenen ja no les valoren. Amb contes com aquest podem fer-los comprendre que no fan falta tantes coses i que, si els pares diuen que no, és per algun motiu.

Hi havia una vegada un xiquet que se'n va anar a la fira amb els seus pares.

—Em compraràs un pokemon?

—No sé si ací en vendran —va contestar el pare.

Efectivament a la fira alternativa no venien pokemons sinó cotxes, camions, trens, peluixos i, sobretot, animalets, molts animalets.

Com que els jocs per a la consola que li agradaven al xiquet eren massa cars, es va decidir per un animalet de plàstic: una cabreta.

La va mirar, no sabia molt bé què fer amb ella donat que l'havia agarrada per no quedar-se sense res. Li va rascar el cap i va desitjar que es convertira en un joc màgic per a la consola que li permetria jugar a tots els jocs del món.

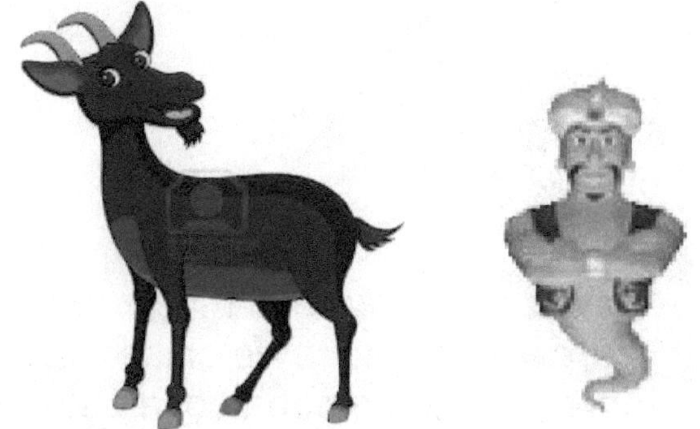

—N'estàs segur del desig que acabes de demanar? —va preguntar-li un geni màgic.

—Sí, ja fa sis mesos que els demano als meus pares un joc i no me'l compren... Diuen que és massa car i que les meues notes són massa baixes.

—Si els teus pares t'han dit que no, pot ser per algun motiu important... —va dubtar el geni.

—Ells són d'una altra generació i no em comprenen.

—Està bé, aquí tens. Això són dos desitjos.

Només arribar a casa, el xiquet es va tancar a la seva habitació, va desconnectar de tot i es va posar a jugar desesperadament al joc que tant desitjava.

No va baixar a sopar fingint que li feia malt la panxa, no va dormir quasi, perquè només es van adormir els pares, va encendre la llum de la lampadeta xicoteta i va seguir jugant desesperadament.

L'endemà no va quedar amb els amics perquè tenia una cosa important per fer.

Tenia por que si els ho deia li ho dirien a sa mare.

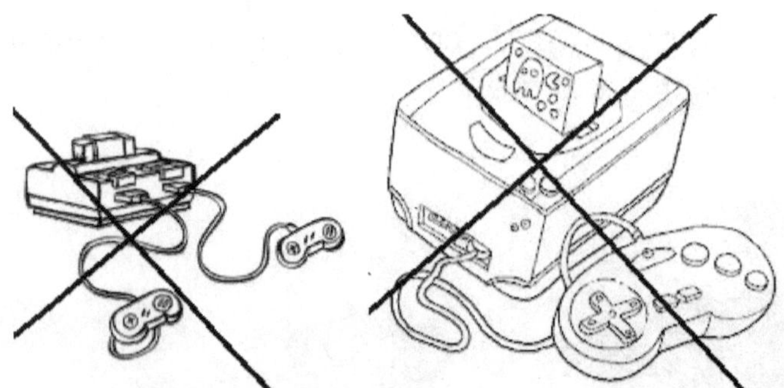

El mestre li va enviar una nota a sa mare perquè estava despistat i sense fer la faena de classe.

La mare va comprendre que alguna cosa estranya estava passant i va anar a la seva habitació a preguntar-li.

"Creeu que li ho dirà?" (intervenció dels xiquets) "Creus que li dirà la veritat a sa mare?" "Creus que el castigarà?"

La mare va entrar a l'habitació i va seure. Sense voler va anar a parar damunt de la cabreta màgica i li va eixir el geni:

—Què necessita senyora?

—Ah! Eres tu! Ja no me'n recordava de la màgia dels contes —va dir la mare, amb la sorpresa del xiquet en comprovar que sa mare també podia veure al geni.

—Jo també he sigut xiqueta i et comprenc
—li va dir la mamà al xiquet.

—No vas a castigar-me? —va preguntar el xiquet esglaiat.

—No —va contestar la mamà—. Però has de buscar una solució al teu problema.

Va intervenir el geni:

—Jovenet. Només et queda per demanar un desig abans que jo desaparega per sempre.

"Què creeu que demanarà el xiquet?" (intervenció dels / les alumnes).

—Vull ser un xiquet normal. Tenir els meus pares contents, anar bé a l'escola i tornar a ser com abans. Des de que tinc aquest joc tot em va mal.

—Has pres una bona decisió —va dir el geni—. Adéu.

—Adéu —van dir el xiquet i la mamà a la vegada.

El xiquet i la mamà es van abraçar. En això que va entrar el papà.

—Què passa? —va preguntar el papà.

"Què creeu que li contestaran?" "Heu tingut desitjos irrefrenables alguna vegada?" "Eren bons?" "Us han sigut concedits?" "Per què?" "No seria perquè no et feien falta?" "Ho farien pel teu bé?"

44. UN TELESCOPI QUE VOLIA SER ORIGINAL

Consells didàctics: Què podem fer amb els xiquets que es passen el dia fent bovades i no ens fan la faena? Ells / elles es creuen originals i pensen que així els companys i companyes els / les voldran. Què fem amb els xiquets i xiquetes no paren de cridar l'atenció?

Normalment els menuts i menudes actuen així quan necessiten més atenció per part del pare i de la mare. S'ha de parlar amb els pares.

Contes com aquest sempre ajuden, encara que, sempre que es pugue, és millor solucionar el problema que hi ha darrere. Certa originalitat sempre és bona, però si s'abusa d'ella et pots quedar sol com li va passar al telescopi.

Hi havia una vegada un telescopi i un xiquet. El xiquet era aficionat a l'astronomia.

El telescopi va decidir ser original i diferent a tots. Quan el posaven en marxa anava normal i, quan ja portava una estona funcionant, es canviava les lents.

Així, de sobte, si el xiquet volia veure de prop, com el telescopi anava al revés, havia de veure de lluny. I, si el xiquet volia veure de lluny, havia de veure de prop.

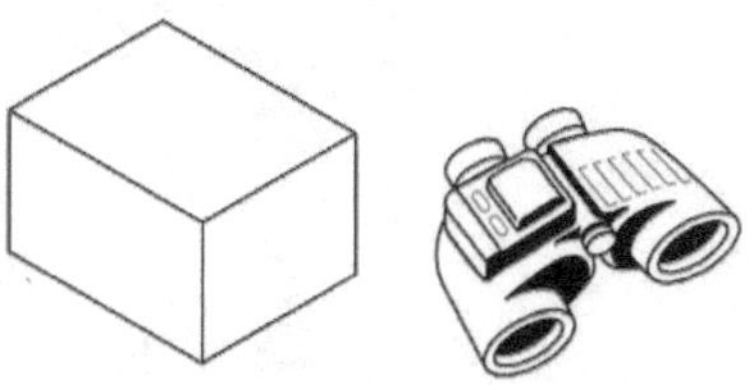

El primer dia, quan el xiquet se'n va adonar, li va fer gràcia:

—Vaja, es estrany!

El segon dia que li va passar, el xiquet es va sentir molest:

—Aquest telescopi està com una olla!

Al tercer dia, el xiquet es va enfadar i el va deixar de costat:

—Aquí et quedes! Me'n vaig! —va dir el xiquet.

El xiquet va guardar el telescopi a la capsa, va posar la capsa a un armari i va traure els prismàtics, que no eren tant potents com el telescopi però funcionaven i mirava el que volia mirar.

Un dia, el xiquet estava cansat de veure coses de prop i volia veure eclipses. Necessitava el telescopi per veure-ho millor.

—Necessito que m'enfoques bé —va dir el xiquet al telescopi.

El telescopi, avorrit d'estar tancat dins de la capsa, va decidir fer bé la seva faena. Al xiquet li va encantar i es va quedar amb ell per sempre.

Es pot ser original però no massa, sinó ens podem quedar sols com el telescopi.

45. UN ARBRE SENSE NOM

Consells didàctics: Cada dia comença diferent. Inventar un conte cada nit abans de dormir-nos o cada dia abans, durant, a al final del treball rutinari fa que la il·lusió mai se'n vaja de les nostres vides.

La constància és necessària tant en xiquets com en adults. Podem potenciar-la a través de contes. Aquest conte seria ideal per al "Dia de l'arbre", contat en les tres llengües als menuts. A partir de quart de primària el poden llegir ells i elles.

Era una vegada un arbre que no tenia nom perquè no estava pintat.

Va passar una formigueta.

—Com et diuen? —li va preguntar la formigueta.

—No ho sé, no estic pintat —va contestar l'arbre.

—Et cridaré Pomera —va dir la formigueta.

—Val, però m'has de pintar —va contestar l'arbre.

Amb moltes ganes li va pintar uns punts. Després va començar a pintar-li les fulles però es va avorrir i se'n va anar a jugar amb uns amics.

Un gos va passar per allí. Li va donar llàstima l'arbre i va seguir pintant-li fulles.

—Podries ser un cirerer. A mi m'agraden molt les cireres, saps?

Però el va cridar sa mare per berenar i se'n va anar.

Un bou també va passar per allí i es va parar, però tampoc va acabar de pintar-lo, perquè ell volia convertir-lo en una perera, ja que es passava el dia menjant peres.

Li van agarrar ganes de córrer i va fugir corrents.

Només un xiquet (es diu el nom del xiquet /a al qual contem el conte) que ja havia acabat de berenar i li agradava fer les coses bé, va seure i el va acabar de pintar.

El va convertir en un taronger (es pot dir el fruiter que ell / ella vulga) ple de taronges com les que li agradaven a ell.

Des d'aleshores l'arbre sempre va tenir nom. Es va quedar amb el nom que li va posar el xiquet perquè va ser l'únic que va ser constant i va acabar la faena.

"Com hem de deixar avui la faena?" "A treballar".

46.- EL SOL I LA LLUNA ES VOLIEN CASAR

<u>Consells didàctics</u>:   La difícil tasca d'educar pot resultar inclús divertida si li trobem el punt. És com trobar una agulla en un paller però, quan s'aconsegueix, no hi ha paraules per a descriure la immensa satisfacció que això representa. Estic parlant del punt en el qual l'educador està educant, els / les alumnes estan aprenent valors i tot el grup està immers en un món d'imaginació i fantasia en el qual tots ho passem bé i aprenem. És tant important portar-se bé que podria impedir inclús una boda…

Per experiència us puc dir que en els primers anys d'infantil els agrada que se'ls conten aquest tipus de contes cada dia, per adormir-se o a classe. Els xiquets i les xiquetes senten la necessitat de crear el seu propi conte i contar-lo a més gent.

El més bonic d'aquest conte és que, per moltes vegades que el contem, cada vegada canviarà perquè cada dia és diferent i cada persona és especial. Podríem usar aquest conte per al "Dia la mare". Podríem reflexionar sobre el paper del pare i de la mare que ens ensenyen a portar-nos bé. A partir de quart ja el poden llegir els / les alumnes.

El sol i la lluna es volien casar però no podien. El sol eixia de dia i la lluna eixia de nit i no es trobaven mai.

Els havia dit un mag que l'única manera d'aconseguir-ho era que un xiquet, (una xiqueta o una classe) tu, estiguera un dia sencer portant-se bé.

Només els quedava de temps una setmana.

El dilluns el xicotet Miguel no va arreplegar els joguets i sa mare es va enfadar. No van poder casar-se.

El dimarts Miguel no va voler rentar-se les dents després de menjar. Sa mare es va enfadar. No van poder casar-se.

El dimecres Miguel no volia dutxar-se. Va anar per les males. No van poder casar-se.

El dijous Miguel no va menjar i va protestar. Sa mare li va haver d'ajudar. Tampoc es van poder casar.

El divendres va anar un company de classe a jugar a sa casa i Miguel no li va deixar els joguets. Sa mare va haver d'obligar-lo a compartir. Tampoc es van poder casar el sol i la lluna.

El dissabte Miguel va oblidar estirar la cadena del vàter i d'apagar la llum. El sol i la lluna no es van poder casar.

Només li quedava un dia al xiquet per portar-se bé. "Tu creus que ho va aconseguir?". "Jo crec que sí".

Durant tot el dia Miguel va ser bo, va arreplegar els joguets, va compartir les coses, va menjar el que li posaven al plat ell sol, va rentar-se les dents, va dutxar-se sense protestar, va estirar la cadena del wàter i apagar la llum després.

Quan va acabar el dia, el xiquet va preguntar a sa mare:

—Mamà, avui m'he portat bé?

—Sí, molt bé.

Ho havia aconseguit. Per fi, el sol i la lluna es van casar.

—Quin regal vols per al "Dia de la mare"? —va preguntar el xiquet.

—Que tots els dies siguen com el diumenge, fill meu!

47. PAPÀ, HI HA PASTÍS DE XOCOLATA!

Consells didàctics: Esta classe de contes són útils per impulsar la col·laboració de pare i mare en la casa i en l'educació dels fills. Estem en una societat canviant amb molts estímuls. Aquestos temes de relacions familiars hem de tractar-los amb molt de tacte i respecte donat que hi ha molts tipus de famílies i moltes situacions personals. Abans de contar un conte d'aquest tipus hem d'estar al dia d'eixes situacions personals. És important mirar la cara els xiquets i les xiquetes quan contem aquestos contes. Si per acabar un conte se li esborrara el somriure a un xiquet o xiqueta, es podria deixar sense acabar o canviar-li el final. Hem de deixar clar que primer les persones i després els contes. Podem usar aquest conte per al "Dia del pare".

Eren vacances. Papà es passava moltes hores connectat a l'ordinador, no parava de trobar informació per Internet i se li va oblidar fer-los cas al xiquet i a la mamà.

La mamà i el xiquet estaven avorrits, molt avorrits, volien distraure's. Se'ls va ocórrer una idea… El xiquet va cridar fort:

—Papà, hi ha pastís de xocolata!

El papà va deixar l'ordinador. Va anar corrents a la cuina i es va posar a buscar el pastís.

Va obrir tots els armaris, la nevera i els calaixos de la taula. esprés va mirar la mamà i el xiquet que estaven arreglats per eixir.

Se'n van anar a passejar.

Al dia següent:

—Papà, hi ha pastís!

Papà va tardar molt en acudir donat que havia de tancar un munt de programes que tenia oberts a Internet.

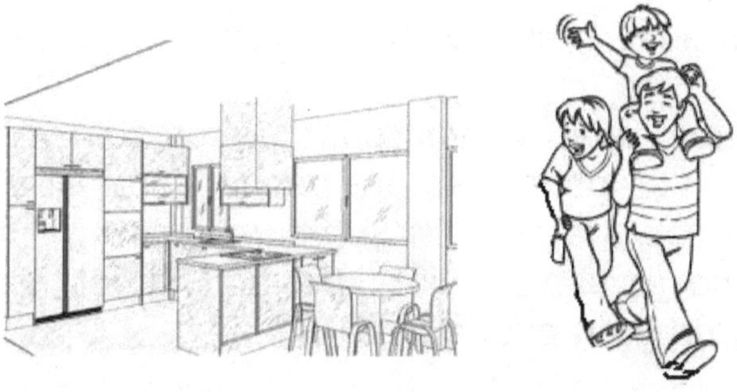

Va acudir amb les sabates de passejar perquè pensava que l'havien enganyat.

Se'n van anar a comprar.

Al tercer dia ja no sabien quina sorpresa donar-li a papà. La mamà i el fillet, van comprar un xicotet pastís de xocolata de veritat.

El van cridar.

—Papà, vine. Mamà ha comprat un pastís de xocolata…

—Ara no —va dir papà—. Estic fent una cosa important. Esta vesprada anirem on vulgueu. Estic ocupat, podeu menjar-vos el pastís… ja, ja, ja…

—De veritat, podem menjar-nos el pastís?

—De veritat —va dir papà rient-se. No es creia ni una paraula.

La mamà i el xiquet es van menjar el xicotet pastís.

El papà, quan va veure les restes se'n va penedir de no haver-los fet cas. Va pensar *"una altra vegada els faré cas a la primera quan em criden"*.

Les coses van canviar i per al "Dia del pare" li van regalar un gran pastís…

48. A LA TAULA !

<u>Consells didàctics</u>: Menjar de tot, especialment fruita i verdura, en les primeres etapes pot ser un malson o un joc. Anem a intentar que siga un joc creant un conte cada dia i intentant que els nostres menuts / menudes s'identifiquen amb el protagonista del conte.

També podem usar aquest conte per al "Dia universal dels drets del xiquet"(vint de novembre). Podem parlar-los dels xiquets que no tenen mitjos ni menjar en els països del tercer món i, en canvi, nosaltres, a vegades, ens passem. A partir d'aquest conte podem introduir els "Drets fonamentals de la infància".

Hi havia una vegada un xiquet que vivia molt feliç a casa amb la seva família. Li encantava jugar damunt de l'estora.

Cada vegada que jugava, treia els joguets i els escampava, després elegia el joc.

El problema era a l'hora de recollir.

—Arreplega els joguets, estimat —li deia la mamà.

—Deixa'm un poquet més...

—Jaaaaaaaaaaaa!

Ho arreplegava en quan mamà es posava seriosa. En canvi, a la taula, acudia sempre a la primera només escoltava el crit:

—A la taula!

El xiquet es rentava les mans, es posava una bata i se n'anava corrents a menjar-se l'arròs amb gambes (cada xiquet diu el seu menjar favorit).

Veia un vídeo de dibuixos (cada xiquet /a diu el seu vídeo favorit. A vegades veuen el mateix vídeo molt de temps, no importa) i, finalment, dormia la sesta amb la seva manteta.

Aquell dia era diferent perquè la mamà havia preparat un menjar nou, llentilles (es posa el nom d'un menjar nou que volem introduir o d'un menjar que no li agrada).

—Mamà, l'arròs està negre. S'ha socarrat...

—Són llentilles.

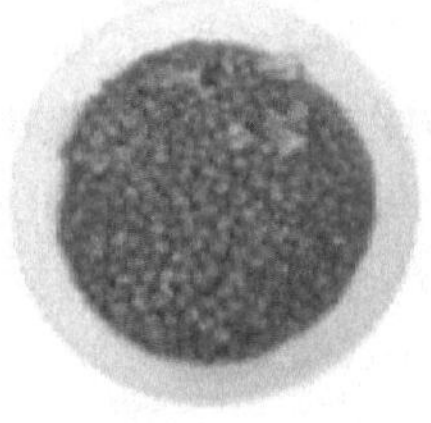

—No les vull! Vull arròs amb gambes!

—Nooooooo!... me'n vaig a veure el vídeo i fer la sesta...

Aquell dia el vídeo estava desconnectat i la manteta de la sesta no hi estava.

—Què passa, mamà?

—Els menuts que mengen de tot miren vídeos i fan sesta, a més creixen sans i forts. Els que no ho fan, tenen seriosos problemes...

—Està bé, les provaré. Però només una cullerada...

El xiquet va provar una cullerada, després, una altra. Li van agradar tant les llentilles que se'n va menjar dos plats.

A partir d'aqueix dia el xiquet va menjar llentilles, va anar provant més i més menjars... va acabar menjant de tot.

Va créixer fort. I a més, va tenir molts vídeos, molts joguet i molts amics (ací posarem les coses que els agradaria tindre a cada xiquet o xiqueta).

Tant de bo que tots els xiquets i xiquetes del món tingueren amor, menjar, vídeos, joguets i amics...

49. EL PEIXET DE COLORS.

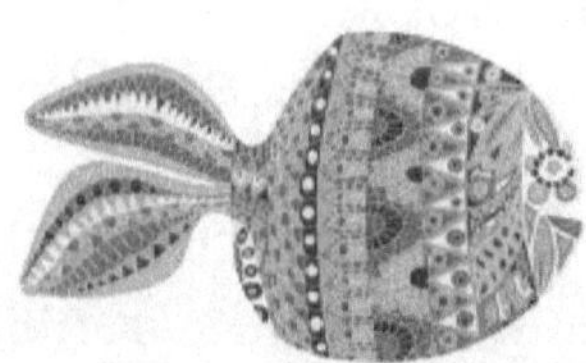

<u>Consells didàctics</u>: A totes les edats, especialment a l'etapa infantil es pot promoure la humilitat com a forma de ser, d'aconseguir les coses, d'agradar a la gent, de tenir amics i amigues, de ser una gran persona de no utilitzar la violència ni l'egoisme.

Pots provar amb contes com aquest. És l'actitud que podríem promoure per al "Dia de la pau".

Peixet era de color blau, taronja i verd. No sols era molt bonic sinó també molt presumit.

Li agradava nedar per la mar i moure la seua cueta quan passava pel costat d'animals menys afavorits quant a color.

Era molt cregut. Es considerava la més bonica de les criatures. Pensava que totes les criatures de la mar envejaven els seus colors i no es refiava massa de ningú.

Un dia peixet va passar nedant i el cranc li va estirar la cua:

—Deixa'm en pau! —li va dir cridant el peixet.

Va pegar una volta per la mar. En tornar, li van tornar a estirar la cua:

—Et pegaré si no deixes de molestar-me.

Se'n va anar a nedar. El cranc li va tornar a tocar la cua.

Quan anava a pegar-li, el cranc li va dir amb veu d'esglai:

—Jo només volia jugar.

—Ah! — va dir el peix que no s'esperava que ningú volguera jugar amb ell—. A què vols jugar?

—A bous.

Van fer les paus i van jugar a bous. El cranc feia de bou i el peixet torejava. Ho van passar molt bé.

Des d'aleshores anaven a buscar-se a diari per jugar.

El peixet va comprendre que això de ser egoista, presumit i no parlar-se amb ningú no era tant divertit com jugar tots els dies i tenir amics.

50. LA VACA RATLLADA

Consells didàctics: Cada vegada tenim més immigrants a les nostres terres o persones especials a les quals els costa relacionar-se per ser acceptades.

La majoria de les vegades no és culpa de la resta de la gent sinó de elles mateixes que es cohibeixen i no gosen a plantar cara al món… amb un conte com aquest pots trencar el gel.

Podria servir per celebrar un dia de les cultures o el "Dia de la Hispanitat".

Hi havia una vegada un poble on les vaques eren blanques a taques negres. Només hi havia una vaca blanca sense taques en tota aquella regió. Estava molt trista perquè no volia ser diferent.

L'endemà anaven els de la televisió a fer un reportatge sobre la ramaderia i les vaques.

Anaven a gravar al seu estable. Faltaven pocs dies per al dotze d'octubre, "Dia de la Hispanitat".

Sa mare li havia explicat que es recorda que anys enrere Espanya va descobrir Amèrica i es van conèixer altres cultures, gent que tenia la pell d'un altre color… encara així, la nostra vaqueta no volia tindre la pell d'un altre color ni ser diferent.

Per tal de no cridar l'atenció va anar al pintor a fer-se pintar taques negres. El pintor va fer-li taques amb unes restes de pintura que li havien sobrat.

—Et durarà fins que et dutxes.

—Serà suficient —va dir la vaca—. No em dutxaré fins que no se'n vagen els de la tele.

Per fi va arribar el dia tant esperat. Van anar els de la televisió a fer el reportatge sobre les vaques.

També va passar el que ningú esperava. Quan estaven gravant amb la càmera es va posar a ploure amb força. En un moment la pluja ho va deixar tot fet una ruïna.

Les càmeres van seguir filmant després de la pluja i, amb tanta confusió, ningú es va donar compte del que havia passat.

Quan el reportatge va eixir per la televisió, van començar les cridades per telèfon; tots volien veure "la vaca ratllada".

Com que la pluja havia caigut sobre la pintura, aquesta havia destenyit, havia relliscat i s'havia mesclat amb el pelatge blanc natural de la vaca formant unes ratlles que havien cridat la curiositat de tots els teleespectadors.

És curiós, una vaca que no volia cridar l'atenció per ser diferent, va ser famosa com "la vaca ratllada".

L'amo explicà l'anècdota per telèfon a tothom. Encara així, va rebre moltes visites i tots els animals de la granja la tractaven amb respecte i consideració.

No estava tant mal allò de ser diferent. Des d'aquella experiència va estar molt orgullosa de ser com era.

51. LA TELE QUE NO VOLIA CRIDAR-SE TELE

<u>Consells didàctics</u>: L'empatia, la capacitat de posar-nos en lloc d'un altre, no és una cosa amb la qual naixem, sinó que es desenvolupa a partir de les experiències viscudes o amb contes com aquest.

A vegades ens agrada més el que tenen els altres i sentim enveja de les seves coses sense aplegar a valorar les nostres.

Només el dia que siguem capaços de posar-nos en la pell d'una altra persona i de saber com se sent, ens valorarem a nosaltres mateixos... trobarem aqueix tresor amagat que passem per davant tots els dies però encara no hem vist: ens valorarem a nosaltres pel que som. També podem usar aquest conte amb motiu del "Carnestoltes".

En la tenda de mobles, electrodomèstics i coses de casa hi havia una televisió a la qual no li agradava el seu nom. Tots els dies es preguntava per què, amb la quantitat de noms bonics que hi havia, ella es deia Tele.

Aprofitant-se que era Carnestoltes, es va disfressar de làmpada.

Va passar un comprador:

—Com et dius?
—Làmpada.
—Fes llum.
La tele es va encendre i apagar.
—No em serveixes —va dir el comprador.
Se'n va anar.
Es va tornar a disfressar. Esta vegada de cortina.
Va passar un comprador:
—Com et dius?
—Cortina.
—De quin color eres?
La tele va mostrar les seves millors imatges de colors.
—No m'agraden les cortines que canvien de color —va dir. Se'n va anar.

—Va disfressar-se d'armari.
Va passar un comprador:
—Com et dius?
—Armari.
—Obri les portes.

La tele no sabia obrir les portes. En realitat no tenia ni portes.

—No m'agraden els armaris sense portes —va dir i va afegir el comprador enfadat—. És inacceptable! Amb el bonica que estaries com una Tele i buscant-te disfresses estranyes.

La tele va anar per última vegada a la tenda de disfresses.

—Pensa-t'ho bé. Ja no et deixarem més disfresses.

—Vinc a tornar-les totes —va dir la tele—. He decidit quedar-me sent tele.

Va passar un comprador:

—Com et dius?

—Tele.

—Encén-te.

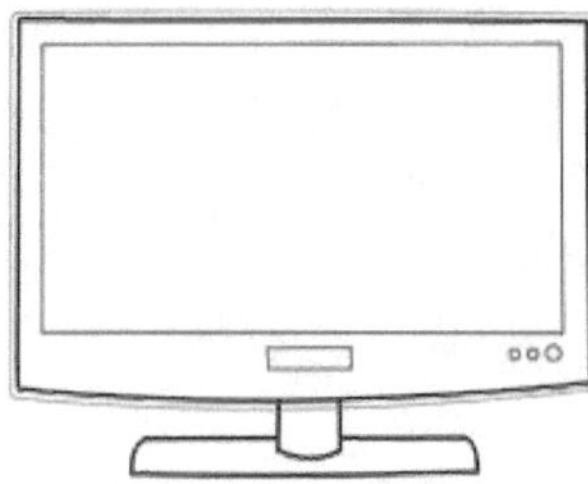

La tele es va encendre i va mostrar les seves millors imatges de colors.

—Quina tele més bonica! Me l'enduc!

La tele va ser molt feliç amb el comprador i la seva família, molt orgullosa del seu nom que la definia com a ser individual i diferent de tots els altres en el món.

52. EL PARDALET EDUCAT

<u>Consells didàctics</u>: Les bones maneres i la bona educació a l'hora de parlar i dirigir-se a la gent són per als educadors com un tresor que tenim l'obligació de trobar cada dia i, al dia següent, els nostres fills /alumnes ja han perdut... altra vegada a buscar-lo i trobar-lo... així tots els dies.

Un conte diferent cada dia pot fer la nostra faena més agradable per les dues parts. També es pot usar per al "Dia de Sant Valentí".

Hi havia una vegada un pardalet blanc i marró. Era molt simpàtic i educat, com li havia ensenyat sa mare.

Un dia va aprendre a volar. Va ser molt emocionant, va veure per primera vegada pobles, camps, boscos, camins, carreteres i altres animals dels que només li havien parlat els seus pares.

Portava hores volant i va sentir molta fam. No tenia res per menjar, els seus pares els havia deixat lluny i estava massa cansat per tornar a casa.

Va pensar "em quedaré un poquet descansant i després tornaré a casa".

Es va quedar reposant a la barana d'un balcó. Mentre descansava, va veure una parella de periquitos verdets o groguets que estaven molt enamorats, covant els seus ous i celebrant el "Dia de Sant Valentí".

Tenien per a l'ocasió dues barretes dolces, una amb mel i una amb fruita.

Com que era molt educat va anar a saludar-los:

—Hola, sóc Pardalet i avui he aprés a volar.

Els periquitos es van emocionar de saber els llocs on havia estat el pardalet. També de saber com era la vida al seu niu quan encara no sabia volar.

Els periquitos li van ensenyar el gronxador i les pilotes que tenien.

A Pardalet li van agradar molt.

Com que era tant simpàtic, el van invitar al menjar de Sant Valentí i a aigua.

Gràcies a la seva bona educació, Pardalet va poder menjar i tornar a casa.

53. COSQUERELLES I OUS QUE RODEN

Consells didàctics: Les cosquerelles són un recurs infalible per fer riure els nostres xicotets i xicotetes.

El problema és quan ells / elles decideixen venjar-se i als grans ens toca fingir que tenim cosquerelles quan, en realitat, ja fa temps que vam deixar de sentir-les.

Un conte de cosquerelles sempre provoca la rialla i és un bon recurs per a fer un munt de treball després.

Es pot també fer un teatre i fer que els alumnes inventen molts contes sobre cosquerelles. Segur que tots i totes tenen alguna cosa que contar. Es pot usar per "La Pasqua".

Aquelles vacances de Pasqua la família de conills solia fer la sesta al jardí. Tenien uns ous de Pasqua per a sorprendre els xicotets.

El conillet només dormia cinc minuts. Es despertava i s'avorria.

Aleshores es dedicava a fer rodar els ous i a córrer darrere d'ells. Quan es cansava feia cosquerelles amb la cueta a la seva mamà, al seu papà i als seus germans majors.

Amb la seva cueta "pssss, pssss, pssss", els feia cosquerelles al nas. Els altres l'apartaven.

—Ves-te'n! Què és aqueix olor tant molest? —deien els altres en donar-se la volta.

Quan ja s'havien adormit… Conillet tornava amb una altra sessió de cosquerelles.

—Ahhhhhhhhh! Fora!

La sessió de cosquerelles durava mitja hora tots els dies. Per Conillet eren els moments més divertits del dia, però els altres estaven un poc cansats i van decidir venjar-se.

Cadascú es van amagar un polvoritzador de líquid picant…

Quan Conillet se'ls va acostar per a tocar-los els nassos amb la seva cueta: "psssss, psssss, psssss, psssss…".

—Ahhhhhh!   Com   picaaaaaaaaaa!   Quin maaaaaal em fa el culeteeee!!!

Conillet va estar tota la vesprada corrent.

La resta de la família, per fi, van poder fer una llarga sesta.

54. CONTEM LES ESTRELLES

Consells didàctics: L'hora de la sesta o de relaxar els nostres xicotets i xicotetes pot ser un moment de molta fantasia i imaginació que ens pot servir per a relaxar-nos tots i sentir-nos com si volarem amb un núvol tant els educadors com els alumnes.

A partir d'aquest conte podem introduir el tema dels "Reis Mags" i del "Nadal". Aprofitarem també per parlar-los de "Father Christmas" o Pare Noel de la cultura anglesa. A la cultura anglesa creuen en el Pare Noel en lloc dels Reis Mags. A Itàlia creuen en la bruixa Befana…

Era una vegada un xiquet que no podia dormir. Eren vacances de Nadal i esperava l'arribada dels Reis Mags.

Sa mare li va deixar una llum encesa. Va tancar els ulls.

Va veure una llum verdeta que es dividia en cinc estrelles.

—Serà l'estrella que guia als Reis Mags? —va preguntar el xiquet.

—No, no porta cua… —va contestar sa mare.

—Val, seguiré buscant…

El xiquet portava un cavall blanc i les saltava: "Una, dues, tres, quatre, cinc".

Va veure una llum blava i una altra de roja.

—Seran estes les estrelles dels Reis?

—No, no són daurades.

—Val, seguiré buscant…

Les dues es van dividir en estrelles.

Ell, amb el seu cavall blanc, les saltava alternant, "una de blava, una de roja, una de blava, una de roja"… fins que es van acabar.

Va aparèixer una llum lila que es va dividir en tres. Després la llum blanca i la rosa van fer el mateix.

El xiquet, amb el seu cavall blanc incansable, va saltar-les de tres en tres. "Primer les tres estrelles lila, després les tres blanques i, finalment, les tres estrelles rosa".

El cavall estava molt cansat i el xiquet també. No trobava l'estrella daurada dels Reis. Es van gitar damunt la gespa verda i fresca on "no feia ni fred ni calor i s'estava tant bé", que es van quedar adormits.

55. QUE VE EL TAURÓ!

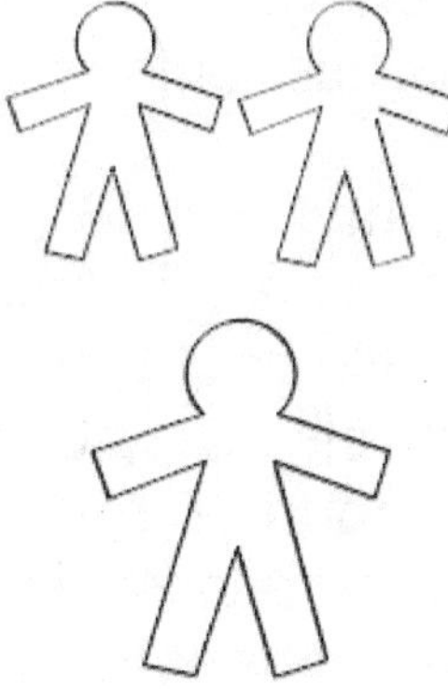

<u>Consells didàctics</u>: Anem en compte amb les bromes! A Espanya tenim el vint-i-vuit de desembre, "Dia del innocents" que es permet gastar bromes.
En la cultura anglesa tenen *"April Fool's Day"*, el dia u d'abril, on també es permeten les bromes.
En les dues cultures hem de tenir en compte que una broma pesada se'ns pot tornar contra nosaltres. Aquest conte ens pot servir per a comparar la cultura anglesa amb la nostra.

Era el "Dia del innocents" (el vint-i-vuit de desembre), mamà sempre deia al seu fill:
   —No gasteu bromes pesades!
   —Per què? —preguntava el xiquet.
   —Ja no te'n recordes què va passar quan eres xicotet?
   A continuació li ho contava.
   Cada dia, en arribar papà de treballar, i posar la clau al pany, jo et deia de broma:
   —Que ve el tauró!

Tu t'amagaves baix la taula (es diuen llocs de la casa / classe).

—No, no… ací no em pillarà…

En això que entrava el papà i posava una veu terrorífica:

—Qui hi ha per ací?

Quan et trobava tu t'alegraves molt:

—Papà! No era el tauró… era papà!

Així tots els dies. Unes vegades, tu t'amagaves darrere la porta; altres, dins de l'armari; altres, dins de la banyera; altres, al traster…

Van arribar les vacances. Ens vam anar a un aquari a passar el dia.

Ens vam unir a un grup de gent que seguia a un guia que explicava sorprenents detalls sobre les diferents espècies.

Un tauró es va arrimar al cristall.

—Mira, fill, que ve el tauró! —vaig dir jo sense pensar.

—Papaaaaaaaaaaaà! —vas cridar tu mirant al tauró.

Tota la gent es va quedar mirant. Alguns es van haver d'aguantar la rialla. Altres no.

Nosaltres, discretament vam eixir del grup i ens vam anar a visitar l'aquari pel nostre compte.

56. UNA VACA MOLT IMPRUDENT

Consells didàctics: Els animals sempre són una font d'inspiració perquè els nostres menuts i menudes inventen moltes històries i facen quantitat d'activitats. Estimulen la seva fantasia i imaginació.

Després d'una visita a una granja-escola, podríem usar aquest conte. Posaríem els animals que van veure.

Aquest conte també es pot usar per a parlar de les diferències entre la cultura anglesa i la nostra.

Nosaltres celebrem l'arribada del bon temps amb "cançons" i "enramades" per part dels joves enamorats a les seves amades o amb les "creus de maig", fetes amb clavells en un paisatge primaveral.

Els anglesos celebren l'arribada del bon temps amb la dansa al voltant d'un pal amb cintes, "Maypole" el dia que ells anomenen "May Day". També solen coronar a una Reina de Maig, "May Queen".

Era principi de maig, començava el bon temps. Mamà estava mirant fotos de les "Creus de Maig" (creus fetes en clavells multicolors en un entorn primaveral) que havien anat a veure l'any anterior a Burriana.

També tenia fotos de "l'enramada" que el pare li va fer amb roses i fulles a la seva porta el primer diumenge de maig, l'any que es van casar.

El papà estava molt ocupat. Tenien una granja de pollets, gallines, conills, porcs i una vaca.

La vaca Margarita donava una llet molt bona i era molt afectuosa, tant, que quasi mai li negaven cap capritx.

Un dia la vaca li va dir a papà:

—Vull anar a menjar herba a la muntanya.

—No tinc temps de portar-te, jo tinc faena, mamà també. A més, és perillós creuar la carretera —va dir papà.

—La puc portar jo —va dir el xiquet.

En principi al papà no li pareixia bona idea. Però, tant van insistir que els va deixar.

—A les vuit a casa. Aneu en compte amb els cotxes que passen.

La vaca i el xiquet van començar a jugar pel prat i, es van emocionar tant, se sentien tant a gust que no podien parar de córrer... de sobte, una frenada... un conductor enfadat.

—Quina vergonya, xiquets i animals solts! Sort que el cotxe no té res. Tu, estàs bé?

—Jo sí, però la vaca... —va dir el xiquet plorant.

—Ja s'apanyarà. Jo no l'he tocada. S'ha caigut a soles. Serà millor que te'n vages a casa... me'n vaig, tinc pressa.

El xiquet va passar molt de temps plorant, abraçat a la vaca Margarita.

Es va fer l'hora de tornar i va haver d'anar sense ella donat que pareixia estar morta.

Plorant va contar el que havia passat als seus pares. Molt tristos van decidir anar a buscar-la.

No se n'havien adonat que plovia.

Amb la pluja, la vaca, que només s'havia desmaiat de l'esglai, s'havia despertat i havia tornat a casa sana i salva... ja estava a la porta esperant-los.

Tots van deixar de plorar i es van abraçar la vaca. Ella formava part de la família.

Des d'aquell dia ni el xiquet ni la vaca van tornar a creuar la carretera sense mirar. Ja sabien quan de perill hi havia.

57. LA GIRAFA I EL DÀLMATA

<u>Consells didàctics</u>: Després de contar-los esta història hem d'animar els nostres menuts a crear les seves pròpies històries. Els donarem molts dibuixos d'animals perquè cada xiquet /a en tria dos i crea la seva pròpia història.

Aquest conte pot servir per a parlar-los de la societat multicultural en la qual vivim i per animar-los a conèixer altres cultures.

No podem criticar el que no coneixem. No per ser diferent ha de ser pitjor. També podem aprofitar el conte per parlar de "Halloween".

En una zona del bosc només vivien girafes. Tenien tot el que necessitaven les girafes adultes: menjar, tranquil·litat, família… no obstant, hi havia una xicoteta girafa que s'avorria, no tenia en qui jugar.

Era "Halloween" i la xicoteta girafa havia sentit dir que els menuts es disfressaven de monstres i eixien a demanar "truc o tracte" per les cases.

Va eixir del bosc en busca de xiquets per celebrar "Halloween".

Va arribar a una granja on va ser sorpresa per un gos cadell de dàlmata que en sa vida només havia vist gossos i porcs.

—Quina gossa més estranya! —va murmurar el gos.

—Quina girafa més lletja! No té ni coll! —va remugar la girafa.

—En la meva granja el sostre està baix i no caben animals amb el coll tant llarg —va dir el dàlmata en veu alta.

—Ah! Vius en una granja? —va dir la girafa sorpresa—. Aleshores tu no eres una girafa com jo?

—Clar que no —va dir el gos contundent—. Sóc un cadell dàlmata. No has vist les meves taques? Com el de la pel·lícula! Visc en una granja on només hi ha gossos i porcs. Mai he eixit d'ací, em fa por...

—El mateix em passa a mi. Fins ara no havia eixit de la meva zona del bosc on només viuen girafes adultes... encara que no m'importaria visitar la teva granja i celebrar "Halloween".

Havien donat el primer pas, parlar-se. El que va seguir va ser fàcil. El dàlmata va invitar la girafa a la seva granja. La girafa va haver d'acatxar-se, però li va encantar.

Allí van poder celebrar "Halloween" amb la resta d'animals que hi havia. La girafa es va disfressar de bruixa i el dàlmata de fantasma. Van aconseguir un munt de llepolies.

A dia següent el dàlmata es va animar a eixir de la granja i va visitar la zona del bosc on vivien les girafes.

Poc a poc van deixar de trobar-se diferents. En realitat, va deixar d'importar-los ser diferents donat que s'ho passaven molt bé jugant junts cada dia.

58. LES CAMPANES

Consells didàctics: Les anècdotes dels xiquets i xiquetes quan comencen a parlar i s'equivoquen solen ser molt divertides. Ja de grans, els agrada que el pare i la mare els les conten una i altra vegada. Inclús, els agrada contar-les a ells o elles recordant aquells moments inoblidables.

De la nit de cap d'any, *"New Year's Eve"*, el que més sol cridar l'atenció dels menuts sol ser la festa familiar i, potser les campanades.

Mentre esperava l'arribada dels pares que estaven treballant, el xicotet Miguel anava amb la iaia totes les vesprades al parc a menjar-se el berenar i jugar amb el tobogan el Castell o els cavallets, juntament amb els altres xiquets i xiquetes.

Miguel al·lucinava amb els jocs del parc, especialment amb els gronxadors.

—Iaia, *"penta"*.

La iaia sabia que això volia dir que havia d'espentar-lo.

—La iaia espenta Miguel —corregia la iaia.

—La iaia espenta Miguel —deia ell amb dificultat.

L'altra cosa que emocionava especialment a Miguel en aquelles hores de parc, era el so de les campanes que ell veia grans i majestuoses dominant el campanar juntament amb un rellotge enorme que marcava l'hora.

Quan sonaven, Miguel les mirava i parava el joc.

—*"Mancanes"*, iaia!

—Campanes, Miguel, campanes! Toquen les cinc i mitja. Prompte vindrà mamà.

—Vull anar a les *"mancanes"*, iaia.

—L'últim dia de l'any abans de la "Nit de cap d'any" es permet visitar el campanar. Els diré al papà i a la mamà que et porten.

L'últim dia de l'any el papà, la mamà i Miguel van eixir a passejar molt abrigats. Es van trobar amb uns coneguts que portaven una xiqueta més gran, Maria.

—On aneu?

—A visitar el campanar —van dir els coneguts—. Se'n veniu?

—Hi ha cent catorze escales estretes i empinades, Miguel és molt menut! —va dir la mare.

—Pujar a les *"mancanes"*. Vull pujar a les *"mancanes"!* —va dir Miguel.

—Si puges sol, sense bracet, et deixarem —va dir el pare—. Podràs agarrar-te de la mà de Maria.

Abans que acabara de dir-ho, Miguel i Maria ja estaven corrent a la fila per a pujar al campanar.

Aquell va ser un dia dels més emocionants en les seves vides. Van arribar on estaven les campanes: "dues grans, dues mitjanes i una de més menuda".

Escoltant el guia, van saber que tocaven electrònicament i cada campana sonava amb una nota musical diferent.

Mentre les miraven, va sonar un quart de dotze (una campanada) i van veure com funcionaven i la seva connexió amb el rellotge del campanar que estava més amunt. Va ressonar tot.

—Sort que només ha sigut una campanada —va dir papà.

Miguel i Maria agarrats de la mà, miraven al·lucinats la complexa maquinària de ferros que entraven i eixien per darrere del rellotge.

Els van agradar tant les campanes que aquella "Nit de cap d'any" van tornar a la plaça a escoltar les dotze campanades, menjar-se els dotze grans de raïm i demanar ell millor desitjos per a l'any nou.

En veure la iaia Miguel li ho va contar.

—Ja he vist les campanes. Hem pujat dalt del campanar!

—¡Campanes! ¡Per fi ho has dit bé!

59. UN DIA A LA FIRA

Consells didàctics: La màgia de la fira, la seva música, els seus monstres… són una atracció per passar un dia agradable en família. Segur que molts xiquets han anat a la fira o hauran sentit parlar d'ella.

Tindran alguna cosa que contar. Podem aprofitar aquest tema per al tema de l'hivern i per alguna festa patronal que porten la fira al poble com les festes de Sant Blai o La Candelera.

Era hivern, havien començat les festes patronals (Sant Blai i la Candelera, per exemple).

Havia vingut la fira. Era diumenge i tota la família es van mudar, ben abrigats i van anar a passar la vesprada a la fira.

Papà va anar a comprar patates. Mamà, a les paradetes de bijuteria. La filla major va anar amb sa mare, mentre papà s'ocupava del fill menut.

Ell acompanyaria son pare i, a canvi, després papà pujaria amb ell a les atraccions infantils (al xiquet li feia il·lusió pujar amb son pare).

Però al final el menut es va esglaiar amb tant d'estrèpit.

—Anem a casa, tinc por!

—I ara, què fem? —va dir la mare mentre l'agarrava en braços.

—Tinc una idea —va dir la xiqueta—. Anem als matalassets. Allí no hi ha soroll i, a més, hi ha un tobogan que al·lucines.

La germana gran va agarrar al xicotet de la mà. El menut va deixar de plorar. Van anar als matalassets dels grans.

Els dos germans es van llançar pel tobogan però, amb tant mala sort, que al xicotet se li va caure un xiquet gran damunt i, altra vegada a plorar.

Per fi van portar al xicotet als matalassets dels menuts. Allí no va tindre por, va saltar, va botar, va passar per dins dels forats, va tirar boles i va baixar pel tobogan xicotet.

Mentre la família van anar tornant-se per pujar a les seves atraccions favorites i vigilar, per torns, al menut.

Va ser una gran vesprada. En tornar a casa, els dos germans es van quedar adormits al cotxe. L'any següent tornarien a la fira.

60. LA GALLINA QUE NO TENIA CRESTA

Consells didàctics: Com podem explicar als nostres menuts i menudes que uns creixen i altres no? I el fet que uns puguen llegir i altres no fins que no tenen quasi sis anys? Amb històries com la que segueix no solucionarem el problema (cadascú madura segons el seu ritme) però sí que farem que els nostres xicotets deixen de donar-li importància a una cosa que no en té. Anem a provar.

També podem usar el conte per a introduir la festa de "Santa Caterina i Sant Nicolau" i els costums que hi ha al poble respecte a la festa.

Hi havia una vegada una gallina molt bonica, simpàtica i molt xerradora que li encantava jugar amb els seus amics i amigues.

Havia anat amb sa mare per comprar-se roba nova per al dia que celebraven a l'escola "Santa Caterina" (patrona de les xiquetes d'escola) i "Sant Nicolau" (patró dels xiquets d'escola).

Com manava la tradició, aquest dia tocava estrenar roba, anar a fer un teatre sobre la vida dels sants, anar a captar per les cases i, finalment, repartir-se els guanys. Havia de quedar tot perfecte.

Es va sorprendre perquè li van preguntar sobre la cresta.

—Eres gall o gallina?

—No ho sé! Encara no m'ha eixit la cresta, per què? —va contestar la gallina confosa.

—Perquè a la teva edat tots tenen cresta… els galls tenen la cresta gran, les gallines la tenen menuda, i tu, això no pot ser normal!

Tantes coses li van dir que es va desesperar. Havia d'estar perfecta per al dia de Santa Caterina. Es va mirar a l'espill. Efectivament, no li havia eixit la cresta.

Va anar a una ortopèdia a que li'n feren una de goma i se la va apegar damunt del cap.

El dia de Santa Caterina i Sant Nicolau va quedar tot perfecte i, respecte a la cresta, van deixar de molestar-la. Va oblidar el problema.

Temps després li va créixer la cresta de veritat, va fer pujar la de goma i li va quedar una "crestota".

—Vaja crestota que tens! Pareixes un gall! —va sentir que deien.

Últimament ja no feia cas dels comentaris.

Tot va acabar un dia de vent. Una bufada de vent li va arrancar la cresta falsa.

Per fi va comprendre que era una gallina completament normal que havia crescut més tard.

Es va mirar a l'espill. La va convèncer el seu aspecte. Tot havia segut qüestió de temps.

61. UN OSSET MOLT RÀPID I UN TORTUGA MOLT LENTA

Consells didàctics: Cada xiquet o xiqueta té un ritme de treball: uns són molt ràpids; altres, lents; altres, no acaben mai. No hem d'impacientar-nos.

Històries com aquesta contribuiran perquè els ràpids ajuden als lents i aprenguen mentre ho fan. Fem que tots gaudisquen en el procés.

També servirà aquest conte per entendre el perquè del "Carnestoltes" i de la "Quaresma". Aprendran a aconseguir les coses amb esforç i a valorar-les després.

—**M**amà, em podries explicar el "Carnestoltes" i la "Quaresma"?

—Veuràs, fill —va dir la mare mentre es pensava la resposta.

Li va contar aquesta història.

Anem a imaginar-nos un osset molt ràpid, que és com el "Carnestoltes" i una tortuga molt lenta, que és com la "Quaresma".

L'osset tenia un parc al costat de casa. Se li va ocórrer anar a casa la tortuga a invitar-la a jugar una estona al parc.

La tortuga va tardar mitja hora en baixar les escales després de dir-li que sí. Uns altres deu minuts en acomiadar-se de sa mare i eixir al carrer.

L'ós que era molt ràpid i estava molt àgil, començava a posar-se nerviós de tant d'esperar. Va tenir una idea:

—Ara vinc. He trobat la solució per arribar prompte al parc —se'n va anar corrents.

Un minut després, va tornar amb la cadira de passejar que sa mare gastava de més menut quan ell es cansava.

La tortuga va agrair molt el detall I va pujar en seguida.

—Açò val la pena! —va cridar la tortuga emocionada en veure's corrent sobre rodes—. Directe al parc, vinga!

En el parc hi havia altres xiquets i xiquetes amb els quals jugaren tota la vesprada. La tortuga va poder pujar als gronxadors, al castell o al tobogan.

gràcies a l'ajuda dels seus companys i companyes que s'ho van passar d'allò més bé ajudant-la.

Van jugar a pares i mares. La tortuga no haguera pogut fer res d'això sense l'ajuda de l'ós, i l'ós no haguera sigut feliç sense jugar amb la tortuga.

Van quedar per jugar al dia següent, i a l'altre, i molts més, fins i tot la tortuga va aprendre a fer les coses més ràpides i a no necessitar ajuda.

Quan açò va passar, no li van donar importància. Ells van seguir jugant i passant-ho bé junts durant molts anys.

El mateix que a l'ós i la tortuga els passa amb el "Carnestoltes" (tindre-ho tot) i la "Quaresma" (privació). La falta de les coses es necessària per apreciar-les.

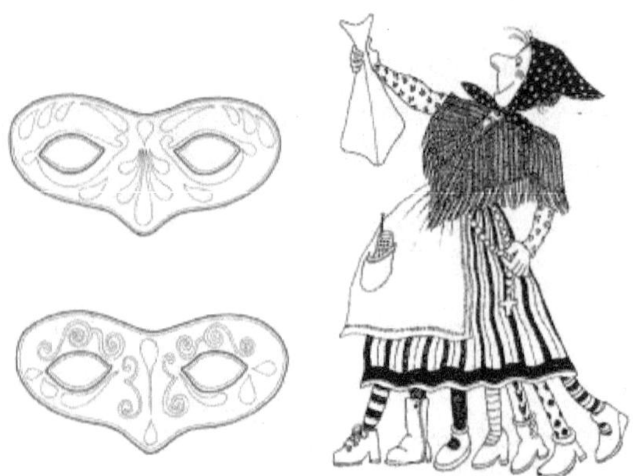

62. EL XIQUET QUE NO VOLIA MENJAR DE TOT

Consells didàctics: Menjar de tot i només a les menjades pot ser una meravella o un continu malson segons persones. Us he de dir, que contar-los una història cada dia, és una forma agradable d'intentar-ho...

Amb aquest conte podem parlar de la tradició anglesa *"Pancake Day"*, el dimarts abans de Quaresma que fan les famoses *"pancakes"*.

Hi havia una vegada un xiquet que només pegava dues cullerades per menjada.

Provava el primer plat:

—No m'agrada.

Provava el segon:

—No m'agrada.

Quan arribava la fruita, tancava la boca i no hi havia manera de introduir-li-la.

A l'hora d'esmorzar i berenar, en canvi, volia molta llet, coca, magdalenes o galetes i, si la mare es descuidava, li buidava l'armari.

Aquell cap de setmana havien anat a veure la desfilada de Carnestoltes a Vinaròs i, aquell dimarts abans de Quaresma van fer *"pancakes"* segons la tradició anglesa.

Com no havia dinat, quan la mare es va despistar, es va menjar totes les que quedaven.

Es va posar malalt de la panxa. El van portar al metge.

Li va fer un tractament i li va prescriure com a solució al seu problema:

—Has de menjar de tot.

—Prefereix quedar-me un dia sense menjar a menjar de tot —va dir el xiquet orgullós mentre la família desdejunava.

A l'hora d'esmorzar va anar a buscar la llet, la coca, les magdalenes i les galetes. No hi havia. Va anar a l'armari de les llepolies. Estava buit. L'havien buidat el dia anterior.

Es va fer l'hora de dinar. Hi havia patata, verdura i trossets de pernil.

—Vols patata, verdura i pernil?

—Només pernil —va contestar ell.

—Ni, pensar-ho. Si no menges de tot, no menges.

—No, gràcies. Preferisc quedar-me sense dinar.

—Un poc de fruita?

—No, gràcies.

Per sopar hi havia ensalada i peix.

—Tinc molta fam! Si hem deixes sopar, prometo menjar-me tot el que em poses al plat —li va dir a sa mare.

—Val, comença per l'ensalada.

Bevent molta aigua i forçant-se un poquet, va aconseguir menjar-se mig plat d'ensalada i un poquet de peix.

Com a premi per l'esforç que havia fet li van donar un flam de postres.

A partir d'aquell dia el xiquet va fer el possible per complir la seva paraula. Pegava unes cullerades de tot el que li posaven al plat i, poc a poc, va deixar les llepolies.

63. LA GRUA

<u>Consells didàctics</u>: Les enormes grues i la quantitat de pes que alcen atrauen els més menuts. Qui no té o ha tingut una grua prop de sa casa o de camí cap a l'escola?

Podem començar un conte amb grues i deixar que ells el continuen. Desenvolupar la creativitat. A més podem introduir elements de la nostra cultura com "les falles" i aprofitar el sentiment de tristesa que li produeix a un xiquet la cremada d'una *falla*.

Hi havia una vegada un xiquet que tenia obres al carrer.

Cada matí, mentre sa mare el portava al col·legi sentia una immensa emoció en acostar-se a la grua, la formigonera i els camions. Eren molt més grans que els que tenia a sa casa.

Es quedava mirant-los des de l'eixida de casa fins que giraven el cantó.

Era prop del denou de març i ja estaven les *falles* plantades al carrer.

La grua estava parada i tota l'atenció del xiquet es centrava en la *falla* infantil.

Hi havia paradetes de bijuteria, joguets i roba pels carrers.

El dia de "Sant Josep" van anar a veure les *falles* i la iaia li va demanar al xiquet que es triara un joguet.

—Vull una grua, una formigonera i un camió.

Al final va haver-ne de triar un. Com que ja tenia molts camions i una formigonera xicoteta, es va triar la grua. No era tant gran com la de veritat, però per jugar serviria.

El gran esglai va venir quan va veure que la *falla* es cremava i el fum li arribava fins a la grua que ell admirava tots els matins.

—Mamaaaà! —va dir el xiquet plorant—. Per què cremen la *falla*?

—És una tradició, estimat. Les *falles* representen tot el que critiquem, el que no ens agrada s'ha de cremar. El foc purifica.

—Val! —va dir el xiquet, encara que no ho entenia molt—. I la grua, per què volen cremar la grua?

—La grua no es cremarà, està lluny i és de metall.

Les paraules de mamà van tranquil·litzar el xiquet.

Quan ja començava a trobar-se millor va esclatar una traca dels coets que posen dins de la falla.

El xiquet es va esglaiar altra vegada, es va posar a plorar i se'n van anar a dormir. Però, encara així, se'n va anar un poc disgustat perquè havien cremat la *falla*.

Al Nadal següent, el Pare Noel li va portar una grua gegant amb la qual va jugar molt de temps en el seu racó del saló mentre mirava les obres per la finestra.

A l'any següent ja no es va esglaiar en veure cremar la *falla*.

64. ANIT VAIG SOMIAR AMB LA NIT DE SANT JOAN I EL LLEÓ

   <u>Consells didàctics</u>: Hi ha temporades que els nostres menuts i menudes s'identifiquen amb un personatge de pel·lícula, senten la necessitat de veure'l cada dia i repeteixen les seves frases. És el moment d'iniciar-los a crear les seves primeres històries.

   Un altre moment ideal per a crear un conte com aquest és després de veure una pel·lícula. Podem deixar que ens conten la seva experiència sobre la "Nit de Sant Joan". "Quin desig demanaries?".

El papà, la mamà i el xiquet anaven de viatge per la selva amb un vehicle tot terreny.

   Es van escoltar uns petards i es va veure unes fogueres molt grans.

   —Què ha passat? —preguntà el xicotet.

Va mirar el seu voltant, estava rodejat d'uns braços forts i peluts: un lleó. El xiquet portava una coca de Sant Joan en la mà.

—Ací jo sóc el rei —va dir el lleó.

—A ma casa jo també. Papà i mamà em cuiden molt bé i m'estimen molt —va dir el xiquet sense pensar.

—Conta'm coses —va dir el lleó—. Si vols, entraràs a la meva cova i coneixeràs la meva família.

—Quin dia és avui?

—Estem a la matinada del dimecres vint-i-quatre de juny. Per què?

—Perquè esta nit és la "Nit de Sant Joan". Fan fogueres per tot el poble. La mare ha comprat una coca de Sant Joan, mira, la tinc ací.

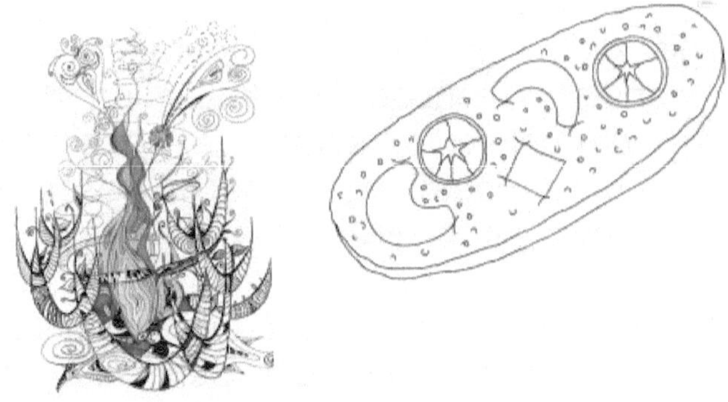

—Normalment no en mengem —va dir el lleó—. Però avui farem una excepció.

—La mare diu que és una nit màgica, que els desitjos es fan realitat. Al meu poble que està a la vora de la platja, la nit abans del vint-i-quatre anem tots els anys a banyar-nos els peus a l'aigua de la platja.

Van entrar a la cova. Era molt més gran que a la pel·lícula. El lleó va abraçar al xicotet perquè s'assecara. La seva esposa li va portar uns plàtans per menjar, van encetar la coca de Sant Joan i cadascú se'n van menjar un tros.

En acabar de sopar, la filleta del lleó i el xiquet es van rentar els dents i van anar a jugar una estona. Li van preparar un llit per dormir.

Els dos van haver de deixar de jugar i dormir quan la mamà va dir-ho.

—Prou de jocs per avui. A dormir!

L'endemà el xiquet es va despertar en el seu propi llit. La seva mamà estava al seu costat. El papà estava preparant el desdejuni.

—He estat a la cova del lleó, els he invitat a coca de Sant Joan, he jugat amb la seva filla.

—Ha sigut un somni! Vam veure una pel·lícula de lleons ahir, recordes? —va dir la mare—. Després vam anar a banyar-nos els peus a la platja i et vas quedar adormit en braços de ton pare.

—Vaig desitjar visitar al lleó a sa casa.

Tot havia sigut un somni.

65. MAMÀ. ÉS GRAN I NO SAP AGARRAR BÉ LA CULLERA

Consells didàctics: Als xiquets els costa aprendre a usar els coberts al menjar, el primer de tots és la cullera i és el que més els costa.

Se'ls ha de repetir el mateix tots els dies durant molt de temps… què tal si fem la tasca més fàcil amb una història? S'han d'introduir en ella detalls del xiquet / xiqueta / xiquets que escolten i fer que se senten protagonistes. Segur que els xiquets volen entrar en ella i canviar el final.

Qui sap! També podem parlar-los de les fogueres que fan a Anglaterra la nit del cinc de novembre: "Guy Fawkes Night".

La mamà tenia un fillet que era molt afectuós, molt juganer i que li donava molts besets.

Cada dia quan es menjava el iogurt, mamà havia de recordar-li que agarrara bé la cullera:

—Agarres la cullera com si fóra una espasa, estimat. Mira, es fa així —mamà agarrava la cullera correctament i li la posava en posició correcta—. Només s'agarra amb els dos primers dits.

—Val —deia el xiquet distret.

—Te'n recordaràs? Demà ho faràs bé?

—Síiiiiiiiii, mamà.

Al dia següent tornava a passar el mateix. El xiquet no ho feia a propòsit però, quan la mare es donava compte, ja tenia la cullera agarrada com si fóra una espasa.

Era la vespra del cinc de novembre. Estaven posant per televisió imatges de "Guy Fawkes' Night", tradició anglesa en la qual encenen molts focs artificials i fogueres recordant un intent d'assalt al parlament.

—Fogueres, mamà! —va dir el xiquet espontàniament—. Anem a sopar al restaurant i després veurem les fogueres i els focs artificials…

—Les fogueres estan a Anglaterra, estimat…

—Jo m'apunto a anar al restaurant… —va dir el papà que estava escoltant.

Els tres se'n van anar a sopar a un restaurant molt elegant.

La mamà no deixava de pensar *"espero que avui agarre bé la cullera, que el xiquet agarre bé la cullera, per favor…"*

Estaven asseguts a la taula esperant que els serviren.

—Mamà, mamà, has vist a aqueix?

—Aqueix què? —va dir la mamà sorpresa, el xiquet havia interromput els seus pensaments.

—El xiquet de l'altra taula, mamà. —va dir el menut mirant al xiquet de l'altra parella, molt més gran que ell, que estava menjant a la taula del costat.

—Què li passa?

—Que és major i no sap agarrar la cullera! L'agarra com si fóra una espasa!

En això que van escoltar a la mamà del xiquet gran que li deia unes paraules que havien sentit abans:

—Mira, estimat, es fa així —la mamà agarrava la cullera correctament—. Només amb els dos primers dits…

El papà i la mamà es van mirar i, instintivament, es van posar a riure.

El xicotet no comprenia per què es reien. Es va posar un poc trist però no va dir res.

El que menys va parlar durant el sopar va ser el xicotet, estava massa ocupat en agarrar els coberts correctament, especialment la cullera: "No vull fer el ridícul com el de la taula del costat", pensava.

A casa va continuar igual. Quasi no parlava mentre menjava, havia de concentrar-se en agarrar bé la cullera.

Cada dia li recordava a sa mare:

—Mira mamà, —li mostrava la cullera agarrada correctament—. Jo sí que sé agarrar bé la cullera. Veus mamà?

—N'estic molt orgullosa de tu.

El xicotet li donava un bes a sa mare i aquesta l'abraçava.

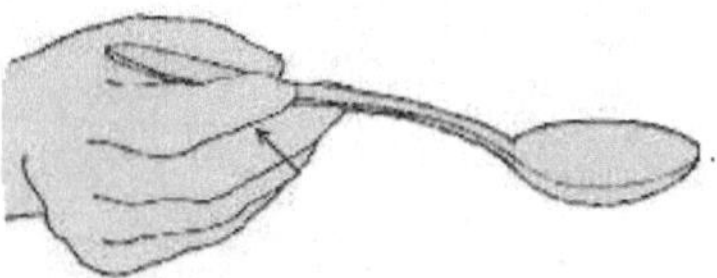

66. TOT ÉS QÜESTIÓ DE PARLAR-HO...

<u>Consells didàctics:</u> El diàleg com a manera de solucionar els problemes és difícil d'aconseguir, especialment quan hi ha opinions enfrontades o hi ha persones que no s'atreveixen a expressar la seva opinió per por.

Històries com la que segueix poden ajudar a suavitzar la situació, a reflexionar sobre això, inclús, a buscar-li una solució. Acabarem posant-ho tot en forma de conte.

Podem usar també aquest conte amb ocasió dels panellets de "Tots Sants" o per explicar "l'Estatut d'Autonomia" o la "Constitució".

Feia poc que havia passat el pont del nou d'octubre (dia de "l'Estatut d'Autonomia" de la Comunitat Valenciana). Ja era la vespra de "Tots Sants", el trenta-un d'octubre. Van fer panellets a l'escola, les pastes típiques de la tardor.

Al mateix temps van pintar unes carabasses per "Halloween", seguint la tradició anglesa, aquella nit anirien a voltar per les cases demanant "truc o tracte".

Tocaven a dos panellets per a cadascú de la família.

—Per què serveix un estatut d'autonomia? —va preguntar el xiquet.

— Són les lleis, els drets i deures de totes les persones d'una comunitat —va contestar el pare.

—I els que no són d'eixa comunitat, què? —va preguntar la xiqueta.

—Altres Comunitats Autònomes tenen el seu Estatut i per a tota Espanya està la Constitució, totes les lleis, drets i deures a nivell nacional —va contestar la mare.

—Per què serveixen els drets, els deures i les lleis? —va preguntar la xiqueta.

—Per solucionar els problemes d'una manera justa per a tots i totes —va contestar el pare.

—Ja està bé de parlar i a dinar… després hi ha panellets de postres —va dir la mare.

La mare estava trista i preocupada. A l'hora de menjar, l'hora que es reunia tota la família, sempre hi havia discussions pel menjar.

El dia que hi havia llentilles, el xiquet estava molt content però a la xiqueta no li agradaven… només picava les patates i es bevia el cald.

—Altra vegada llentilles? —deia la xiqueta amb ràbia—. Perquè en fas si saps que no m'agraden?

—A mi, sí! T'aguantes! —deia el xiquet burlant-se.

—Mamà, es burla!

—Voleu parar tots dos?

El dia que hi havia arròs la xiqueta estava encantada, s'acabava tot el plat però el xiquet no podia amb ell.

—Altra vegada arròs? —deia el xiquet amb ràbia.

—Que bo! —deia la xiqueta amb alegria.

L' assumpte era preocupant. El que agradava a la xiqueta no agradava al xiquet i al contrari.

Aquell dia va hi haver un oblit i a la mamà li va eixir un dinar un poc accidentat. Mamà es va quedar curta de llentilles i va haver d'afegir-li un grapat d'arròs per acabar de fer el dinar.

Casualment, aquell dia no havien esmorzat cap del dos ni el fillet ni la filleta i volien menjar panellets de postres.

—Llentilles! —va dir el fillet—. Què bones!

—Arròs! —va dir la xiqueta—. Què bo!

—A partir d'ara menjarem llentilles amb arròs i estarem tots contents. Val mamà? —va dir la xiqueta.

—Què tal si a partir d'ara hem dieu clarament les coses que us agraden i les que no, parlant arribem a un acord i deixeu de discutir? —va dir la mamà.

—Ho posarem per escrit. Serà com si férem un Estatut amb els drets i les obligacions de tots perquè puguem conviure.

—D'acord —va dir el papà.

—Ara vinc! —va dir la xiqueta.

—On vas?

—A fer una cosa important —va dir mentre corria cap a la seva habitació.

Al cap d'uns moment, la xiqueta va tornar amb un dibuix de la família abraçant-se. Havia escrit el primer dret, el primer deure i la primera llei:

"Dret a estimar i ser estimat".

"Deure d'expressar la teva opinió de manera educada i sense ofendre els altres".

Primera llei: "A partir d'avui menjarem arròs amb llentilles que agrada a tota la família".

Els va paréixer la millor idea del món. Es van abraçar i, després, es van menjar els panellets de postres.

67. EL COCODRIL QUE ERA AMIC DELS XIQUETS

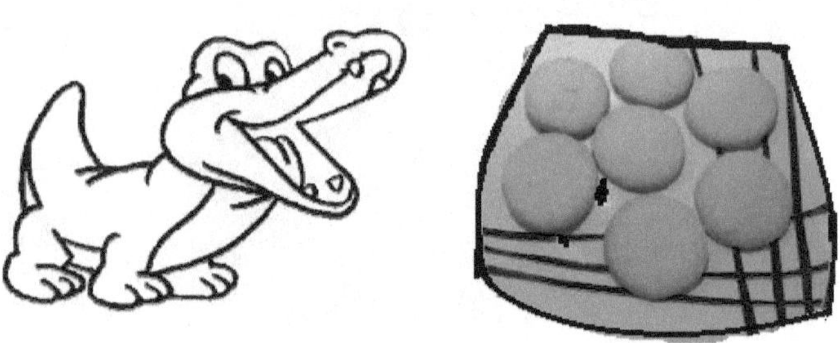

Consells didàctics: Començar a valorar les persones pel que fan i no pel seu aspecte és una tasca dura. Donar l'oportunitat de ser bo a tot el món.

Encara que la majoria dels cocodrils ataquen la gent, per què no hi pot haver un que és bo i s'ha fet amic dels xiquets?

Amb històries fantàstiques com aquesta veurem que ningú pot ser res si no se li dóna l'oportunitat. A partir d'aquesta història, els xiquets i xiquetes en crearan altres i, segur que no són de cocodrils.
També podem comentar la tradició de la festa de "Sant Antoni" i les coquetes o primes que tant agraden als xiquets i xiquetes.

Hi havia una vegada un cocodril molt especial. Menjava fruita i verdura, no mossegava la gent i volia ser amic dels xiquets i xiquetes.

Quan es van assabentar d'això els altres cocodrils es van riure d'ell i el van desterrar a un tram del riu on no hi havia peixos.

Com no hi havia peixos, no hi havia perill de cocodrils. Aquell tram del riu era aprofitat pels xiquets i xiquetes del poble per prendre el bany a l'estiu i jugar a l'hivern.

Havien sigut les festes de "Sant Antoni", patró dels animals, el dèsset de gener. Els xiquets i les xiquetes del poble havien anat a guanyar "coca de Sant Antoni" amb un animalet.

Després havien deixat l'animalet i les coques a casa i havien tornat per saltar fogueres i córrer darrere del grup d'artificiers.

L'endemà van anar a berenar al riu per menjar-se les "coques de Sant Antoni".

Després de pensar-ho molt, el cocodril va decidir traure el cap:

—Hola! —va intentar dir—. Em podríeu donar un trosset de coca?

Els xiquets que estaven berenant es van esglaiar i tots i totes van eixir corrents i van deixar-li totes les coques per a ell, no era així com ell volia aconseguir les coses.

Un altre dia, ja a l'estiu, van anar a passejar per allí una mamà que portava un xiquet xicotet i van parar a banyar-se al riu.

La mamà va anar a nedar i el xiquet es va quedar jugant on l'aigua no el cobria.

De sobte, la mamà va veure que el xiquet havia muntat damunt d'una fusta marró i nedava pel riu.

—Cavallet! Cavallet! —cridava el xiquet amb alegria.

—Què és això? —va dir la mare amb la boca oberta.

Però en veure-li la cua, la mamà es posà a cridar.

—Torna'm el meu fill immediatament!

—Molt bé, senyora! —va contestar el cocodril i va arrimar l'esquena a la mamà perquè agarrara el seu fillet que el cocodril portava a cavall.

—Meeeeeés, meeeeeeés! —cridava el xiquet.

Uns altres xiquets grans que passaven per allí també van voler pujar a cavall del cocodril.

La fama del cocodril que feia cas a les mamàs i passejava a cavall als xiquets i les xiquetes pel riu es va estendre pel poble.

Cada dia li venien més xiquets i xiquetes.

Així, poc a poc, treballant i amb molta constància, Cocodril va demostrar que era bo i tenia bones intencions.

Al final, va aconseguir el seu propòsit: ser volgut i tenir molts amics.

68. UN GATET MOLT LLEST

Consells didàctics: Tots i totes hem de tenir l'oportunitat de triar ser bons. Als adults ens és més fàcil però els xiquets i xiquetes, de vegades, necessiten un escarment o potser els educadors i les educadores hem de forçar les coses un poc per aconseguir el nostre objectiu. Després de deixar-los un dia sense pati per mal comportament un conte d'aquest tipus ens podria servir per a tornar al bon ambient, a ser creatius, a sentir-nos bé i a ser feliços.

També ens pot servir el conte per a parlar-los de la festa de "Moros i Cristians". Podríem explicar a través d'aquest conte el dia de "Sant Jordi" (dia del llibre) en el qual el cavaller s'enfronta al dragó.

Hi havia una vegada un dilophosaurus que era molt roí. No tenia amics perquè se'ls menjava.

Quan algú volia jugar amb ell i se li arrimava, ell es quedava quiet mirant-lo i, quan el tenia prou prop, li tirava verí, l'embogia i després se'ls menjava. Així durant molts anys.

Quan ja havia perdut l'esperança de fer amics, va aparèixer un gatet molt llest que se n'havia anat en busca d'aventures pel món.

Havia viscut les millors experiències que aquells dinosaures havien escoltat mai.

En aquell moment venia de la festa de "Moros i Cristians" d'Alcoi en honor a "Sant Jordi" que temps arrere va ajudar a salvar la plaça d'Alcoi de l'atac de les tropes de la rebel·lió morisca.

—Estimats amics —va dir el gatet—. Jo sóc com Sant Jordi però més llest. No hi ha res que no puga aconseguir ni ningú que no puga burlar.

Li van dir el problema que tenien.

—Dilopho té un problema… (ací podem utilitzar la tècnica del feedback, per saber si ens segueixen, preguntem "quin problema té?"… la participació dels

/ les alumnes en aquest tipus de contes és fonamental).

Gatet Llest va tenir una idea. Es va posar al costat d'una paret i el va cridar.

—Dilophooooo, vineeeeee! Vull ser el teu amicccccc!

Dilopho es va arrimar… (feedback altra vegada, fem recordar als / a les alumnes, la retroalimentació és fonamental).

Quan va moure el primer múscul per a soltar el verí, Gatet Llest va saltar. El verí va rebotar contra la paret i li va retornar al mateix Dilopho.

Va caure adormit. Els altres dinosaures el van nugar i li van traure la bossa de verí mentre dormia.

Quan va despertar, tots li estaven cridant:

—Et vas menjar el meu amic!

—Eres un traïdor!

—Ja s'ha acabat d'enganyar!

Deu minuts més tard, les veus van callar. Li havia donat temps a reflexionar:

—Em rendeixo! No ho faré més! He decidit fer-me vegetarià.

Des d'aquest dia Dilopho va ser bo, o almenys, va intentar-ho. Va tenir molts amics i tot va anar bé al país dels dinosaures.

Gatet Llest, satisfet de la seva faena, va seguir recorrent el món.

69. L'OVELLETA APRÈN A L'ESCOLA

<u>Consell didàctic</u>: L'arribada de nouvinguts i nouvingudes que no parlen la nostra llengua és una situació que ens trobem sovint.

Una manera de convèncer els nostres alumnes que els han de tractar bé i ajudar-los és mitjançant contes. Si el protagonista del conte ho fa, per què no ho he de fer jo?

En aquest conte usarem uns dibuixos d'una ovelleta, un gos i un cavall i els objectes de classe: llapis, goma, colors, ceres, cola, tisores, motxilla, cadira, taula o porta. Deixem que els alumnes diguen noves coses de classe i que les demanen per favor al final.

Hi havia una vegada una ovelleta que va acudir a l'escola.

No sabia parlar la nostra llengua ni el nom de les coses. Volia rebre educació i coneixement.

—Hola! —li digueren el cavall i el gos.

—Bee! —va contestar ella.

El cavall i el gos es posaren molt tristos aquell dia.

En els pròxims dies l'ovelleta va començar a aprendre noves paraules.

—Mira, Ovelleta, açò és un llapis —deia la mestra.

Els companys i companyes ho repetien.

L'ovelleta ho aprenia. Tots es posaven molt contents i contentes i li aplaudien.

—Mira Ovelleta, açò és una goma —deia la mestra.

Ho repetien els companys i companyes, ho aprenia l'ovelleta.

Tots i totes es posaven contents i contentes i aplaudien els seus progressos.

—Mira, Ovelleta, açò són fitxes, un bolígraf, una cola, ceres, una motxilla, una porta, una cadira...

Així li ho van anar repetint fins que l'ovelleta ho va aprendre.

Un dia va perdre el llapis:

—Puc agarrar un llapis?

—Sí, clar —li va contestar un company i li'n va donar un.

—Gràcies —va dir l'ovelleta.

—No hi ha de què —digué la mestra.

—Adéu —s'acomiadava l'ovelleta en anar-se'n.

—Adéu —contestaven els companys i companys.

Així l'ovelleta va aprendre a demanar les coses i a acomiadar-se amb bones maneres i va ser acollida en un grup d'amics i amigues.

70. QUIN EMPLASTRE, QUÈ FEM ARA?

<u>Consells didàctics:</u> Afegirem una representació per part dels /les alumnes. Tindrem un dibuix com el de dalt i unes targetes enganxades al tauló o a la pissarra sobre coses de classe (llàpissos, colors, coles, tisores, fitxes, llibres, puzles, pintures o plastilina) i també d'animals (gossos, gats, conills o dinosaures) . Les senyalarem tal i com contem la història. Els xiquets i xiquetes intervenen en la història i diuen primer coses de classe que estan en safates i, després, animals que farien amb plastilina.

A la classe d'infantil es guardava el material en safates independents: llàpissos, colors, coles, tisores, fitxes de treball, llibres, puzles, pintures i, últimament, la plastilina.

Alguns dies, la senyo deixava que pintaren amb els pinzells. Sempre els demanava abans que anaren molt en compte. I després, que ho netejaven entre tots i totes. Així, tot anava bé.

Els xiquets i xiquetes es van emocionar molt quan van veure la plastilina.

—Podrem jugar amb la plastilina?

—Sí —va dir la senyo—, però aneu en compte.

Aquell dia tots els xiquets i xiquetes de la classe d'infantil van fer mil formes amb plastilina: gossos, gats, conills i dinosaures. S'ho van passar d'allò més bé.

Després de fer més de mil formes amb plastilina, van mirar a terra. Hi havia trossets de plastilina empastifats per totes parts. La senyo es va enfadar.

—Quin emplastre! Què fem ara? —va dir la senyo.

—Hauríem de castigar a la plastilina! —va dir un xiquet.

—Hauríem de netejar —va dir una xiqueta.

—D'acord —va dir la senyo.

Tots i totes van netejar les taules i van rascar els trossos xicotets de plastilina empastifats per terra.

A dia següent la plastilina estava castigada sense eixir de la seva caixa.

Uns dies després, van poder fer moltes més formes de plastilina però, quan jugaven amb la plastilina, havien d'anar en compte de no empastifar el piso amb els trossos xicotets.

Des d'aleshores, en la classe d'infantil van gaudir moltíssim amb les pintures i la plastilina. En feien quasi tots els dies, sempre complint les normes.

Van passar moments inoblidables.

71. TOTS COL·LABOREN A CASA

Consells didàctics: Conviure amb altres persones pot ser un estat de perfecta harmonia o un autèntic trauma. Amb contes com aquest podem donar un pas més perquè la paciència i la col·laboració de tots / totes predomine sobre l'egoisme *"jo, jo i només jo"*.

Afegirem una representació teatral. Quan el professor diu la frase d'un personatge, el xiquet o xiqueta que té assignat aquest personatge repeteix la frase.

Feia calor. La família d'óssos estava fent la sesta després de dinar.

Tot el món estava en silenci per tal que la resta de la família poguera dormir.

"Creus tu que podien dormir?"

"No!" Tots estaven desperts pensant.

"Què estaria pensant mamà?"

Mamà estava a la cuina. Estava pensant en escoltar música però, no podia perquè s'havia de guardar silenci.

"Què estaria pensant papà?"

Papà estava al saló. Estava pensant en veure la tele però, no podia perquè s'havia de fer la sesta.

"Què estarien pensant els fillets ossets?"

Els xicotets estaven a l'habitació. Els haguera agradat jugar, saltar, cridar però, no podien perquè havien de guardar silenci.

De sobte va sonar el timbre de la porta. Era la veïna que deixava els xiquets perquè se n'havia d'anar al metge.

—Què bé! Podem anar a jugar?

.   —Val! Aneu a l'habitació però no feu soroll!

Els xicotets van jugar fins que no van poder més i, finalment, van caure rendits.

Una vegada es van adormir, mamà va poder posar música i, papà va poder veure la tele.

Quan a casa tots col·laborem, tots podem ser feliços.

72. L'ELEFANTET NO POT DORMIR

Consell didàctic: Afegirem una representació teatral. Quan el professor diu la frase d'un personatge, el xiquet o xiqueta que té assignat aquest personatge repeteix la frase.

Era l'hora de dormir. L'elefantet volia dormir però no podia.

Va anar a l'habitació de son pare i sa mare.

—Puc quedar-me ací?

—Sí, però has de dormir.

Es va posar a jugar en el llit dels seus pares. Ells van tractar d'adormir-lo.

Cada dia jugaven fins que la son s'apoderava d'ell. Però aqueix dia l'elefantet no podia dormir.

L'elefantet va anar a l'habitació de la seva germana.

—Puc quedar-me ací?

—Sí, però has de dormir.

Va jugar un poc allí però tampoc podia dormir.

Va anar al bany però feia massa fred per poder dormir (s'assenyala el bany, es fa gest de fred i es diu que no amb el cap).

Va anar a la cuina però era massa xicoteta per dormir (gesticular com abans).

Va anar al menjador però era massa gran per dormir (gesticular).

Finalment l'elefantet va anar al saló on el iaio i la iaia estaven mirant la televisió.

—Puc mirar la tele amb vosaltres?

—Sí, val.

Deu minuts després l'elefantet ja estava dormit. Per fi l'elefantet va poder adormir-se.

"Descansa bé, elefantet!"

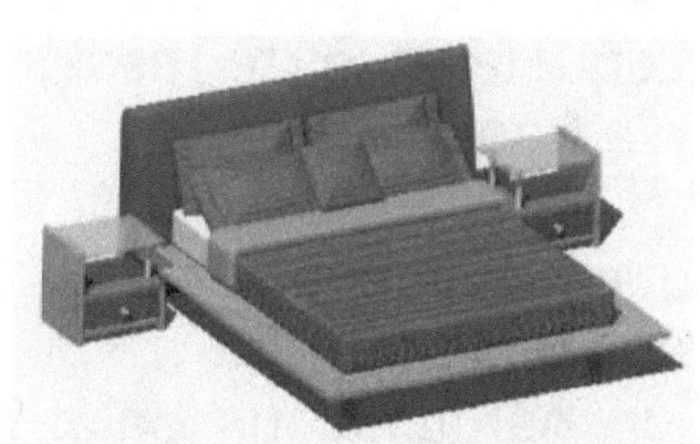 

73. CHARLIE TÉ UN JOGUET NOU.

Aplicació didàctica: Afegirem una representació teatral. Quan el professor diu la frase d'un personatge, el xiquet o xiqueta que té assignat aquest personatge repeteix la frase.

Hi havia una vegada un xiquet anomenat Charlie. Ell estava molt orgullós dels seus joguets.

Tenia molts cotxes en un pàrquing, un baló, un tambor, una cometa, un globus, un tren i un vaixell (els xiquets i xiquetes diuen més joguets) però el seu joguet favorit era un ós de peluix.

A la tornada de vacances de Nadal el professor els va demanar que portaren un joguet per tal de compartir-lo amb els companys i companyes.

"Quin joguet hauries triat tu?" (deixarem que els alumnes contesten per torns de paraula).

El xicotet Charlie es va portar el seu osset de peluix. En arribar a classe:

—Em pots deixar el teu ós? —li va preguntar un company—, jo et deixaré el meu joguet.

—No, no, no! És meu.

—Per favor!

—No, no, no! Ves-te'n.

Charlie s'ho estava passant d'allò més bé amb el seu nou joguet però l'altre es va posar molt trist.

Va passar el temps i Charlie va començar a avorrir-se del seu joguet, va voler canviar-lo a uns xiquets.

—No, no, no! —li van dir.

—Per favor!

—No, no, no! Ves-te'n.

Charlie es va posar molt trist. Tot havia sigut culpa seva.

Va buscar el xiquet d'abans que li havia demanat compartir el seu joguet i li va demanar perdó:

—Perdó —li va dir Charlie.

—No passa res —li va contestar l'altre.

—Podem anar a jugar?

—Val.

—Gràcies.

—De res.

Tots dos es van fer amics i van compartir els seus joguets amb altres xiquets i xiquetes.

"Va ser divertit!"

74. AL TIGRE LI CAUEN LES RATLLES.

Consells didàctics: Quan més coneguda siga una llengua per als / les alumnes més farem parlar i participar en el conte als / les alumnes. Afegirem una representació teatral. Quan el professor diu la frase d'un personatge, el xiquet o xiqueta que té assignat aquest personatge repeteix la frase.

Hi havia una vegada un enorme tigre (fem gestos de gran) que tenia molts joguets: un cotxe, un baló, un tambor, una cometa, un globus, un tren, un vaixell i un ós de peluix (els xiquets i xiquetes diuen més noms de joguets).

El tigre caminava feliçment per la selva quan es va escoltar un soroll molt fort:

"Pam!" (els xiquets /xiquetes fan una palmada forta i el professor li arranca una serpentina del llom del tigre i la tira a terra).

—Alguna cosa s'ha caigut a terra! Serà una de les meves ratlles? No passa res, en tinc moltes. Seguim!

Un minut després es va tornar a escoltar el soroll:

"Pam!" (palmada i serpentina fora).

Tantes ratlles fa veure caure que el tigre va voler posar-li fi.

—Ja val! —va dir enfadat.

—Mira cap a dalt, a l'arbre! —li va dir una veu de burleta.

El tigre va mirar (fem el gest de mirar cap a dalt i ensenyem el dibuix) i va veure un mico que estava tirant serpentines i cridant-li açò:

—Bon Nadal i feliç any nou.

El tigre li va somriure i ho va repetir.

—Bon Nadal i feliç any nou.

Resulta que el nostre amic el tigre s'havia despistat un poc.

75. EL BALL DEL CUQUET

Aplicació didàctica: Afegirem una representació teatral. Quan el professor diu la frase d'un personatge, el xiquet o xiqueta que té assignat aquest personatge repeteix la frase. Els xiquets i xiquetes estaran plantats i plantades i faran els moviments que diu el conte.

Eren les onze de la nit i tots els cuquets estaven a gitats al llit. Tots menys el xicotet cuquet que ballava, ballava i no parava de ballar al costat de la llum.

"Un, dos,
Guinya un ull,
Xiula.
Tres, Quatre,
Digues que no,
Digues que sí.
Cinc, sis,
Mou els braços,
Mou les cames.
Set, vuit,

Mou tot el cos,
I comença de nou".

—Per avui ja està bé! —va dir la mamà.

—Un moment més, per favor —va demanar el cuquet.

El cuquet no parava de ballar davant de la llum.
"Un, dos,
Guinya un ull,
Xiula.
Tres, quatre,
Digues que no,
Digues que sí.
Cinc, sis,
Mou els braços,
Mou les cames.
Set, vuit,
Mou tot el cos,
I comença de nou..."

—Anem, vinga!

—Un momentet més, per favor!

Al final el cuquet se'n va anar al llit.

—Per què no paraves de ballar? —va preguntar la mamà.

—Perquè el xiquet de la casa no podia dormir encara i necessitava el meu ball per adormir-se.

—N'estic molt orgullosa de tu. Bona nit.

—Bona nit!

76. MAMÀ, TINC EL FRONT BULLINT!

<u>Consells didàctics</u>: Afegirem una representació teatral. Quan el professor diu la frase d'un personatge, el xiquet o xiqueta que té assignat aquest personatge repeteix la frase.

La xicoteta Maria tenia la temperatura molt alta quan va tornar de l'escola.

—Què et passa? —li va preguntar la mamà.

—Estic horrible —va dir Maria—. Tinc molta calor, hi ha boira, no puc veure bé i, em fan mal els ulls, la panxa, el cap, i també la boca, el nas, les mans i les cames (cada xiquet diu una part del cos, el /la professor /a senyala les targetes).

—Seu. Anem a posar el termòmetre (fem gestos).

—T'has de prendre esta medicina.

Maria i mamà jugaven a caminar entre la boira. Maria amb els ulls tancats i guiada per sa mare havia de trobar la pluja (la dutxa).

—Tanca els ulls —deia la mamà—, fa calor! Anem a buscar la pluja! Està plovent! (fem gestos).

Després de prendre's les medicines i unes quantes dutxes Maria va començar a trobar-se millor. Sa mare li va posar el termòmetre.

Ja no tens febre. Ja estàs bé!—va dir la mamà—, i jo estic molt feliç de veure't així.

I així va acabar feliçment aquesta història.

77. EL DRAGÓ S'HA REFREDAT

<u>Consells didàctics:</u> Afegirem una representació teatral. Quan el professor diu la frase d'un personatge, el xiquet o xiqueta que té assignat aquest personatge repeteix la frase.

Hi havia una vegada un dragó que dormia panxa cap avall.

Mentre dormia, movia la cua i apartava els llençols. Al dia següent, el dragó s'havia constipat.

—Atxim!

Mamà el va portar al metge i li va posar una injecció.

—Hauries de posar-te una jaqueta grossa
—va dir mamà.

Però de nit com dormia panxa cap avall, movia el llençol amb la cua.

—Atxim!

—Hauries de posar-te la bufanda.

Però per la nit, apartava el llençol.

—Atxim!

—Hauries de posar-te una gorra.

Però per la nit:

—Atxim!

La mamà li va ensenyar al dragó a posar-se jerseis, pantalons, calcetins grossos i sabates per al fred…

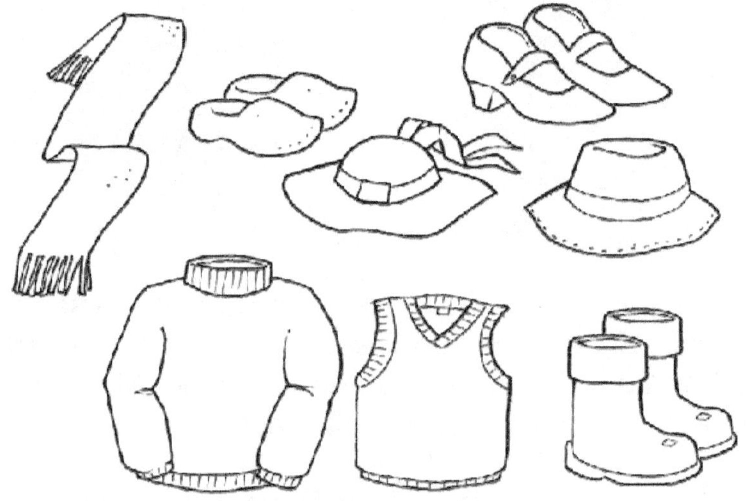

Un dia al dragó li feia mal la cua de tantes injeccions i va decidir dormir de costat. Així, per la nit ja no va tornar a moure la cua ni a destapar-se.

Uns dies després ja no estava malalt. S'havia recuperat.

—Mamà, els dragons no poden dormir panxa avall —va dir el xiquet.

—Però els xiquets sí —va dir la mamà—, així que a tapar-te bé i a dormir.

El xiquet es va quedar adormit en un moment.

78. ROBA, ROBA, MASSA ROBA!

<u>Consells didàctics:</u> Afegirem una representació teatral. Quan el professor diu la frase d'un personatge, el xiquet o xiqueta que té assignat aquest personatge repeteix la frase.

Els xiquets se'n van anar de compres amb la mamà a les grans rebaixes de gener.

Mamà deia que tot estava molt més barat que abans. S'entossudia en comprar-ho tot.

Primer va intentar comprar-li roba al xiquet.

—Vols una jaqueta?

—No, mamà —va dir el xiquet—, tinc moltes jaquetes.

—Vols uns pantalons?

—No.

—Què tal unes sabates?

—No m'agrada el color.

Mamà ho volia tot però el xiquet no tenia falta de res. A la xiqueta, no obstant, li encantava la roba i anar de compres.

—Vols una falda? —va preguntar mamà.

—Sí, per favor —va dir la xiqueta—. En puc triar una?

—Ja veurem.

—T'agrada eixa camisa?

—Sí. Puc provar-me-la?

—Val.

—Vull un pijama nou —va dir la xiqueta.

Van comprar roba, massa roba!

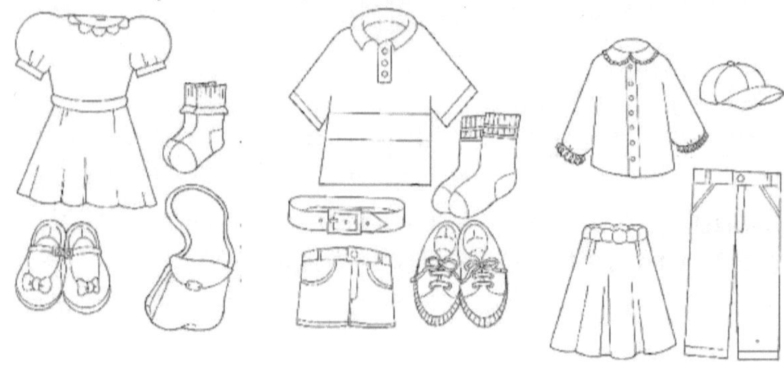

—Anem a pagar!

Quan la mamà va veure la factura:

—Com? Què heu comprat? És massa car! Ens hem passat. El pròxim dia millor ens quedarem a casa!

79. ANEM AL RESTAURANT

Recursos didàctics: Afegirem una representació teatral. Quan el professor diu la frase d'un personatge, el xiquet o xiqueta que té assignat aquest personatge repeteix la frase.

Era l'aniversari de mamà. Mamà, papà i els xiquets van anar a sopar al restaurant.

Als xiquets els encantava anar a sopar al restaurant.

—Què volen prendre? —va preguntar el cambrer.

—Jo prendré una hamburguesa, patates i ou, per favor —va dir el xiquet.

—Jo prendré carn amb molts pèsols, per favor — va dir la xiqueta.

—Jo prendré peix amb patates, per favor —va dir la mamà.

—Jo prendré espaguetis, per favor —va dir el papà.

(Els xiquets i les xiquetes diuen per torns i de manera educada el que demanarien per sopar).

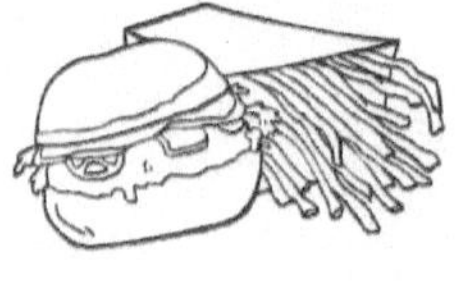  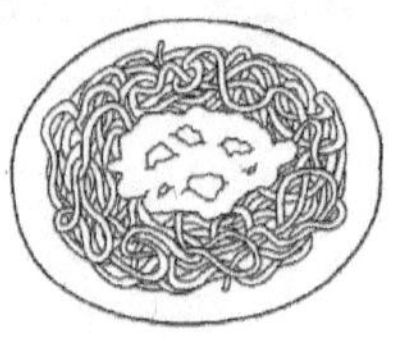

Voleu gelat de postres? —preguntà el cambrer.

—Sí, per favor —va dir el xiquet—, un gelat de xocolata, per favor.

—No, gràcies —va dir la xiqueta—, jo vull fruita, per favor.

—Cafè, per favor —va dir la mamà.

—Té, per favor —va dir papà.

(Els xiquets i xiquetes diuen per torns i educadament el que volen de postres).

Al final els xiquets van anar a l'àrea de jocs infantils una bona estona. Els papàs es van relaxar.

Quan tornaven a casa en cotxe els xiquets es van adormir al cotxe.

Havia segut un dia preciós.

80. UNA AVENTURA AL SUPERMERCAT.

Consell didàctic: Afegirem una representació teatral. Quan el professor diu la frase d'un personatge, el xiquet o xiqueta que té assignat aquest personatge repeteix la frase.

La mare va anar a comprar al supermercat. La iaia i Maria van anar amb ella.

—Anem als joguets —va dir Maria molt emocionada

—No hi ha joguets ací.

—Puc pujar dins del carro de la compra?

—Sí, val —va dir la mare.

Van anar a les fruites i verdures. Van agarrar plàtans, taronges, pomes i enciam. Després, llet, carn i peix (els xiquets I xiquetes diuen noms de productes que es venen al supermercat).

El carro de la compra estava fins a dalt i Maria va haver d'eixir.

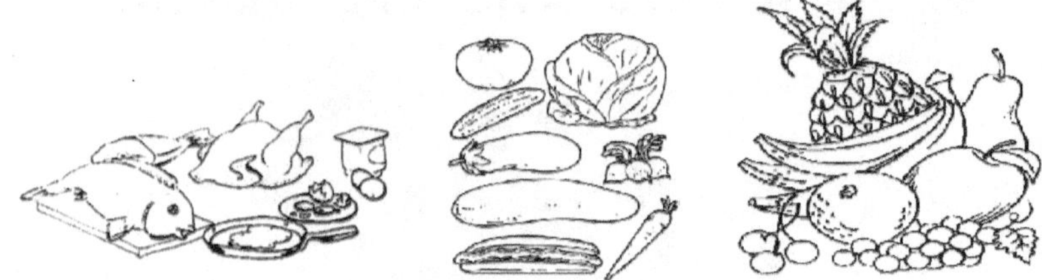

De sobte, es va trobar un joguet (un cotxet dels que regalaven a la sandvitxeria) al sòl.

Es va sentir molt afortunada. Era com un premi per a ella per haver-se portat bé.

—Anem a pagar —va dir la mare.

Quan feien cua per pagar a caixa, van veure a un xiquet xicotet que plorava en braços de sa mare.

—Què et passa? —li preguntà la mare del xiquet.

—S'ha perdut el cotxet de la sandvitxeria! —deia el xiquet sense parar de plorar.

La mare va mirar Maria:

—Maria, per favor!

—Val, mamà —va dir Maria.

Ella ja sabia el que la mare volia dir.

—Aquí tens —li va dir al xiquet quan li va donar el joguet.

—Gràcies —va contestar el xiquet que va deixar de plorar en sec.

—De res —va dir la xiqueta.

Tots van somriure. La mare estava molt orgullosa de la xiqueta perquè s'havia portat bé.

—Què tal si anem a sopar a aqueixa sandvitxeria que als xiquets donen un joguet amb l'entrepà? —va proposar la iaia.

—A què esperem?

Amb el sopar a Maria li van regalar un cotxe de joguet.

Aqueix dia Maria havia viscut una aventura que mai oblidaria.

81. LES GALLINES COMPARTIXEN ELS OUS DE PASQUA.

<u>Consells didàctics:</u>   Pintarem els ous amb tècniques diferents. Afegirem una representació teatral. Quan el professor diu la frase d'un personatge, el xiquet o xiqueta que té assignat aquest personatge repeteix la frase.

Hi havia una vegada una gallina molt feliç. Gaudia de bona salut, menjava bé i tenia molts amics i moltes amigues.

Cada dia podia permetre's triar en qui volia jugar. Normalment, les gallines ponen un ou cada dia, ella en ponia dos.

Hi havia també una altra gallina però estava molt trista. No tenia bona salut, menjava malament i no tenia amics ni amigues.

No tenia ningú per jugar. Estava trista. Tractava de pondre un ou però no podia.

Un dia la gallina feliç es va entossudir en jugar amb l'altra. Sentia curiositat per aquella gallina trista que mai jugava amb ningú.

"Què creus que passa després?" (intervenció del alumnes per trobar un final, si tenen una idea original es pot introduir al conte).

—Vens a jugar?

—No puc.

—Per què?

—És el dia de Pasqua. Tot el món té un ou per pintar i jo no en tinc cap!

—Pren —va dir la gallina feliç—, ací en tens un. I, ara, anem a pintar ous de Pasqua!

Les dues gallines van pintar molts ous de Pasqua aquella vesprada. Els conills els van ajudar.

La gallina que abans estava trista va ser feliç de tenir molts amics i amigues. I, la gallina feliç se'n va enorgullir d'haver ajudat a qui ho necessitava.

Les dues gallines estaven molt contentes pintant ous de Pasqua.

"Anem a posar-nos contents i contentes. Pintem ous de Pasqua".

82. ELS CONILLETS JUGUEN AMB ELS OUS DE PASQUA

Aplicació didàctica: Afegirem una representació teatral. Quan el professor diu la frase d'un personatge, el xiquet o xiqueta que té assignat aquest personatge repeteix la frase.

Era el dia de Pasqua. Els xiquets jugaven al jardí. La mare i el pare els miraven.

El germà es va portar els seus amics, la germana també.

Tots i totes buscaven ous de Pasqua. Hi havia deu ous de Pasqua amagats pel jardí.

—Quants ous heu trobat? —va preguntar la mare.

—Jo he trobat un ou —va dir la germana.

—Tres ous —va dir el germà.

—Jo no n'he trobat cap —va dir un amic.

—Jo tampoc —va dir un altre amic—. No queden més ous al jardí.

—Si no estan al jardí, on estan els ous de Pasqua? —va preguntar la mare.

—No ho sé —va dir el pare.

—A mi no em preguntes —va dir la iaia.

—Jo estava a la cuina —va dir el iaio.

Tota la família es va posar a buscar ous de Pasqua pel jardí encara que no en van trobar cap, no obstant, el germà va trobar alguna cosa molt interessant:

—Papà, mamà! Ací hi ha un amagatall de conill!

—Anem a veure!

"Sabeu què van veure?" (els / les alumnes endevinen com pot seguir el conte).

Tots van mirar cuidadosament dins de l'amagatall.

Dins hi havia una família de conills jugant amb els ous de Pasqua.

—Mare meva! —va dir el germà.

—Són molt bonics! M'encanten! —va dir la germana.

—Anem-nos a dinar —va dir la mare—, deixem els conillets que juguen tot el que vulguin!

—Bones Pasqües!

La família va entrar a casa i els conillets es van quedar jugant feliçment amb els ous de Pasqua.

"Bones Pasqües, conillets!"

83. UNA SERP MOLT PENA

<u>Consells didàctics:</u> Usarem dibuixos per contar la història. Si ja hem contat aquest conte en una altra llengua, podem escenificar-lo mentre el contem. Xiquets i xiquetes voluntaris i voluntàries faran de Serp, Dimetro, Mosa, Tyranno, peix o balena. Faran els gestos que pertoca mentre contem el conte i repetiran la seva frase de la història després d'haver-la dit el mestre / la mestra.

Hi havia una vegada un dimetrodon molt simpàtic i generós. Cada matí es gitava al sol i parlava amb els seus veïns, anava a l'aigua i pescava un peix per desdejunar.

Aquell matí hi havia una serp observant-lo.
La serp va entrar a l'aigua i li va somriure.

—Tinc fam! No em pescaries un peix, per favor?

—Val, ací tens.

Dimetro li va donar un peix però ella seguia tenint fam.

—Per favor, un altre!

—Val! Però, aquest i prou!

Dimetro li va donar un altre peix però ella seguia tenint fam.

—Per favor!

—No, no, no! Tu pots pescar-te el teu menjar, ¡bonica!

La serp va tornar a buscar per l'aigua de nou. Hi havia un mosasauri menjant-se un peix gegant.

La serp estava famolenca. Li va somriure.

—Estic estrangulada de fam!

—Només un i, te'n vas!

—Val.

Mosa li va donar un peix xicotet. Ella seguia molt famolenca.

—Un altre, per favor!

—No, no, no! Vas i te'l pesques tu, bonica!

La serp va tornar a buscar pel l'aigua. Un tiranosaure gegant s'estava menjant una gran balena amb les seves enormes dents.

La serp li va somriure. Tyranno va somriure també, la va mirar, va obrir la seva enorme boca i va dir:

—Ves-te'n, treballa i aconsegueix el teu menjar.

La serp se'n va anar ràpidament.

—Val. Treballaré.

—Bona idea!

Pilar Bellés Pitarch

84.- UN GAT MOLT PILLET

Consell didàctic: Usarem dibuixos d'animals. Demanarem als / les alumnes que endevinen què passa després i que busquen un altre final. Afegirem una representació teatral. Quan el professor diu la frase d'un personatge, el xiquet o xiqueta que té assignat aquest personatge repeteix la frase.

Era l'hora de desdejunar. El gatet havia sigut bo. Aleshores s'estava bevent tranquil·lament un deliciós got de llet que mamà li havia donat com a premi pel seu bon comportament.

Va sentir arribar un ratolí.

—Em dones un poc de llet, per favor?

—No, és meva! Has de treballar per guanyar-te-la.

—Val —va contestar el ratolí.

Se' n va anar. Va arribar un gos enorme.

—Dóna'm la llet o et mossegaré!

A aquest no podia dir-li que "no". "Quin problema se li havia presentat!".

El gat va tenir una idea. Va cridar al ratolí:

—Ratolí! Ratolí! Pots venir a beure't la llet!

El ratolí va acudir corrents i va començar a beure's la llet.

Quan el gos va veure al ratolí bevent-se la llet, es va enfadar molt. També volia la llet.

El ratolí es va escapar. El gos va començar a perseguir-lo. Vinga córrer.

Mentrestant el gat es va beure la llet tranquil·lament.

"Va resultar ser un gat molt pillet!"

85. VULL UN GELAT!

	<u>Consells didàctics:</u> Usarem dibuixos i targetes de gelats (xocolata, maduixa, plàtan o pinya) i dels membres de la família (pare, mare, iaia i iaio). Podem interpretar el conte amb un teatre. Cada personatge repeteix la seva frase després que la diga el professor /a.

A l'estiu als xiquets i xiquetes els encanten els gelats de maduixa, de plàtan, de xocolata o de pinya.
	—Quin és el teu favorit? —va preguntar la mare.
	(Els xiquets i les xiquetes diuen quin gelat els agrada per torns. Procurarem que no utilitzen marques però sí que es poden utilitzar sabors per entendre'ns).
	—Vull un de xocolata —va dir el xiquet.
Un altre dia:
	—Vull un gelat de xocolata!
I un altre:

—Un gelat de xocolata!

Així tot l'estiu.

Però un dia fred de setembre el xiquet volia un gelat. Li'l va demanar a sa mare:

—Puc fer-me un gelat, mare, per favor!

—No, no pots!

Va anar a son pare:

—Un gelat de xocolata, per favor, pare!

—No, fa massa fred.

Va anar al seu iaio:

—Gelat de xocolata, per favor!

—No, no, no!

Va anar a la seva iaia:

—Un gelat, per favor, per favor!

—Val. Però…

Al dia següent el xiquet estava malalt i no podia menjar res perquè li feia molt de mal la gola. Tenia un fort mal de cap.

Dos dies després ja estava bé.

"No hem de menjar gelats quan fa fred, val?"

86. TAURONS A LA PLATJA!

Consells didàctics: A partir de contes com aquest podem fer que els / les alumnes poden crear un conte paral·lel o fer un teatre. Afegirem una representació teatral. Quan el professor diu la frase d'un personatge, el xiquet o xiqueta que té assignat aquest personatge repeteix la frase.

Cada matí la mare portava el seu gos a donar un passeig.

Aqueix dia l'acompanyava el seu fill menut. Van veure una cosa negra entre les ones.

—Què és això? —va preguntar el xiquet—, és un tauró?

—No, no ho és —contestà la mamà—. No hi ha taurons ací.

—És una balena?

—No, no ho és. És massa menut per ser una balena.

—És una estrella de mar?

—No, no ho és. No és taronja.

Es van amagar darrere d'una roca per observar. El gos va lladrar, "guau, guau".

"Què era això?"

(Intervenció dels xiquets i xiquetes per donar idees originals sobre què és).

Ho van tocar amb un pal llarg. Era un missatge dins d'una botella que flotava. El van obrir i deia:

"Bones vacances".

"Això sí que no ens ho esperàvem!".

www.ingramcontent.com/pod-product-compliance
Lightning Source LLC
LaVergne TN
LVHW092345170726
843489LV00001B/42